大展好書　好書大展
品嘗好書　冠群可期

大展好書　好書大展
品嘗好書　冠群可期

武術特輯 157

太極拳
散手闡微

附影音光碟

劉篤義　主編

大展出版社有限公司

編　委　會

編委主任　劉篤義

編委副主任　薛文江　劉俊芝　韓永勝

編委委員　滕　軍　趙　慈　劉迎愛

　　　　　劉浩利　任曉原　殷　焰

前 言

　　太極拳散手，是遵循宗師李雲龍、王錦泉二位師尊所傳授的太極拳散練招式而編寫，非套路演練，重在技擊散手的運用和太極勁的實踐效果。

　　拳經曰：「由招熟而漸悟懂勁，由懂勁而階及神明。」故習太極拳應先依招式鍛鍊，以健體魄；次依技擊方法，磨鍊其應用，以至招熟而漸悟懂勁；懂勁後愈練愈精，進至階及神明；進而修養堅韌不拔之精神，樹立高尚道德品質以進於道。

　　而太極拳勁法之應用，是招為勁之先。練勁必先練招，是就招而生勁，借勁以用招。招法既熟，則練習身觸之感覺；感覺越靈敏，則自入懂勁之域，神而明之，可以目聽，以眉語也。因此各招式散練，要進退左右，循環熟練；內外兼修，快慢相兼；柔韌細膩，剛柔相濟；捨己從人，風格獨特。此散手衍繁，變化無窮，健身、致用、修養三者並重。

《太極拳散手闡微》內含六個原則：（一）依許禹生對王宗岳《太極拳經》詳注，為理論基礎；（二）依王新午對《太極拳論》附注及其太極拳散手法，為指導原則；（三）以李雲龍師太極大道內功及王錦泉師太極拳姿勢為功法；（四）以四十六式散練功法及推手實踐應用為練法；（五）以許禹生創編太極拳推手法，和王新午創編實際應用之技術為用法；（六）以八翻手散手360招為輔助功法，領悟太極拳散手之妙用。

整理編輯《太極拳散手闡微》一書，願使大眾能有健康的體魄，並深切體會其中的理法與勁法、功法與用法的實戰情趣，感受太極拳健身、應用之魅力。

目　錄

第一章

概　述

太極拳散手，始見於清朝遺老宋氏書銘。宋書銘自稱宋遠橋十七世孫，精易理，善太極，所傳拳譜名《宋氏家傳太極功源流及支派考》。宋傳人有紀之修、許禹生、吳鑒泉、劉恩綬、劉彩臣、姜殿臣諸師；又傳王新午師；再傳李雲龍、王錦泉師。

原傳拳式名「三世七」，以共三十七式而得名；後經李雲龍、王錦泉所傳，增加了起勢吐納、兩儀式、旋肘搬靠、掩手肱捶、推窗望月、白猿獻果、童子拜佛、轉身大捋、收勢合太極諸式，增改為四十六式；重單式散練功法，全部分左右之應用，非致力於套路練習。

第一節　太極拳散手之要訣

一、鬆靜自然

全身自然放鬆，毫無僵緊之處，在「鬆」字上下工夫。鬆不是全體輕鬆，而是要鬆上不鬆下，鬆內不鬆外，鬆前不鬆後，如前後腿站立時，前腿後鬆，後腿前鬆，且隨心意變化而放鬆，做到「神舒體靜」。身肢的放鬆在於

意導，首先要在情緒上做到放任自然，才能完整發揮鬆靜的作用。鬆靜的目的是要氣沉丹田，透過鬆靜功法，求得動作上的自然、沉重和穩健，即為之「靜」。

二、呼吸調定

太極拳在技擊上主柔化，不以氣力勝人，因此在修煉上也純以養氣為主。氣為人生之根本，有氣則活，無氣則亡；既然重要，就必保之使其充，培之使其盛，用之有方，練之有術，而後動於中，現乎其外。所謂氣沉丹田，就是利用動作的輕柔和諧、鬆靜自然而形成，絕對不能用強制方法。「氣宜鼓蕩」，絕不是努氣鼓腹。初練太極拳時，呼吸要勻細深長，這只是自然呼吸的一種標準，而呼吸調定則是太極拳功夫較深時之呼吸運動。太極散手之為功，外則運動其筋骨為應用，內則充實其氣為養根。

煉氣之法，分呼吸與導引。初練太極拳為自然呼吸，是煉精化氣。太極拳功夫較深時呼吸運動為導引，是煉氣化神。太極拳講氣，重以心領意，以意導氣；雖具健身之意，兼含技擊應用之心。故練拳式時，手步之動作與意氣同步。氣隨招式，招招到手足，以通暢其血液。具體地說，即以手步動作的虛實轉變，去配合呼吸的自然循環。歌訣云：「二氣循環無先後，內外相生一念專。」當手步動作由虛到即時為呼氣，腹內氣呼出也用同樣之神意和速度去配合。在手步到極點微微接實擲發時，恰好把氣呼足調定；同時，臍下腹部也微微脹緊。反之，手步動作由實而虛時為吸氣，同樣也要用神意和速度去配合。在動作靜

止時，恰好把氣吸足；同時，臍上腹部也微微收縮。

　　腹部的一張一縮，就是太極拳動作與呼吸相結合的腹式呼吸運動，日久自然能得到氣沉丹田的功夫。拳論云：「氣宜鼓蕩」，但絲毫不可用力，用力則滯。煉氣久之意動則氣動，至導於手足，則覺騰然而熱。最可迅速感覺者，由背部、腰脊至肩、至於肘，經沿小指、無名指、中指、食指，如拇指有所覺，則為氣全。練習日久，有不以意運而氣可立至者，其應如響，其速如電。

　　這樣的呼吸調定法，在太極拳套路裡，連式做到比較困難，但在散練功法裡卻式式都易做到，即謂之「定」。

三、虛實相生

　　虛實相生是為煉神返虛。動作中以神意為主導，以虛鬆為功。一般人練習太極拳套路，能練到輕靈、活潑、連貫、完整，且動作舒展大方，並在競技比賽中名列前茅；但下場與人交手，便毫無所措，就像一個看似完整無損，卻免疫力差，不經邪侵之人。《黃帝內經》認為，百病源於人體正氣不足，陰陽失衡。太極拳以太極為名，即法於陰陽，陰陽主乎動靜。人身一陰陽也，陰陽一動靜，動靜一虛實，虛實適宜，太極拳法不敗。

　　人身正氣不足，陰陽失衡，易被病邪侵入。太極拳法四正（掤、捋、擠、按）為陽，四隅（採、挒、肘、靠）為陰。若四正有凸凹處，正氣不足，陰陽失衡，同樣也易受斜法侵襲，處於人背之境。練太極拳在動作上要分清虛實，而這僅僅是動作外形上的虛實。當然，要能做到動作

9

外形上虛實分明，也需要有一定的功夫才能達到。

而太極散手，要求人身之四肢軀幹內外分清陰陽虛實，運動時無論手足軀幹做何類動作，只要注重運用鬆虛功法，實的一面自然有力。如臂之上面受力，即上是實；但不是實的上面用力抵抗，而是要運神意虛鬆臂的下面，臂上自有抵抗能力。實的上面受力越大，臂的下面鬆虛神意越強，形成極柔軟則極堅剛，即謂之「虛」。

四、求靜落空

古譜云：「打重不如打輕，打輕不如打空。」太極拳者，其靜如動，其動如靜，動靜循環，相連不斷，則陰陽二氣相交。內斂其神，外聚其氣；拳未到而意先到，拳不到而意亦到，神氣和合，為太極之象成。以靜落空，空而不空謂之「空」。

虛實相生，是虛中求實、虛實並存的練法。其動作的本質是以能動為主，動中求勝；不是以靜為主，不能靜中求勝；但至太極拳的高層功夫「以靜禦動」和「雖動猶靜」還有一段距離，所以，在太極拳的技擊和修煉上，要把以靜落空作為一個要點功法去實踐。

落空之時與擊發對方之火候相吻合，便是凌空勁發擲的最佳時機，這就要求神意集中，無需去想對方怎麼打，我怎麼破，而是專心一意地由動而靜，由實而虛（動為實，靜為虛），把神意集中在求靜上，即可動作越練越純靜，在意不在形，達到精神上的寧靜修養。堅持這種練法，對健身養生特別有益。

第二節　太極拳散手之優點

一、易著熟

《太極拳論》云：「由著熟而漸悟懂勁。」依照拳論，眾多太極拳師在傳授太極拳時，都以教學套路、盤架子的練法為主，以求達到「著熟」（即招熟），但於各招式中的實際應用卻一無所知。這樣的招熟致以健身運動尚可，與太極拳應用實踐還有差距。這是因為套路之練習方法，只注意練法上的緩慢、圓勻、輕柔、靈活、連貫、完整等方面，至於招式應用簡而不傳，或只介紹招式轉換之作用，不多講招式本身之應用及變化，所以形成了「太極十年不出門」的局象。

而太極散手，是以一招一式的單式反覆練習，在招熟的基礎上注重於應用。一般的太極拳練習者，練一趟套路用15分鐘，而其中的招式只練一次；一套拳只有一次擺蓮腳，還只是右擺蓮，沒有左擺蓮。而太極散手練習者，只練一招擺蓮腳，15分鐘內練的次數是套路練法的數倍，這即前輩所說的「一招鮮，走遍天」，不走「太極十年不出門」的路，健身、致用兩盈有餘。

二、宜懂勁

太極拳言勁，為獨具之特長，然勁必由招中求得。拳式姿勢正確，運動方法熟悉，再求各姿勢應用之法，是

為「招熟」；而其應用合理，勁不落空是為真正的「招熟」。懂勁有兩方面，一是對自身應用發勁要懂，能將自身之呼吸同應用之發落點協調配合，再施技法，使對方呼吸急促、身手步出隅，即趁機施招發勁；二是懂對方之來勁，研求對方動作的力量大小、輕重緩急及運動方向，久之由微懂而略懂，進至無微不覺，無處不懂，方可稱為懂勁。這一切要由推手中求取。

懂勁又有聽勁和問勁。聽勁是感知對方用力大小、方向等隨機變化。問勁是主動誘攻，以求得對方防守之招式和力之大小、方向等而隨機變化。總之，知己知彼，捨己從人，求得「引進落空」之機勢，致對方出隅即擊發之。

三、善神明

《太極拳經論》曰：「由招熟而漸悟懂勁，由懂勁而階及神明。」指明太極拳的練習方法分兩個階段：一是「由招熟而漸悟懂勁」；二是「由懂勁而階及神明」。「然非用力之久，不能豁然貫通」。太極拳進功要有一定之程式。第一階段，必須由教師指點，應先模仿師之姿勢，及各姿勢互相連貫之精神，並知其應用方法。招熟後漸悟懂勁。太極拳之妙，全在用勁。拳之套路熟悉不為招熟，須求各姿勢之應用方法，致其均能用得適當，再求其勁是否不落空，勁不落空是真為招熟。再由推手以求懂勁，研求對方動作之輕重遲速，及勁行之方向意圖，使自己之意氣和對方能同呼吸共運行，久之自微懂而略懂，進至於無微不覺，無處不懂，方稱為懂勁。

純功三年即可至，即可進入第二階段。這一階段全靠自己刻苦鑽研，不是師父所能傳授，因其身教已不能表現形或態。十三勢歌中「入門引路須口授，功夫無息法自修」，就是指此而言。因此，懂勁後「不求用著而著自合，進至無勁非著，無著非勁，漸至不須用著，只須用勁，再至不求用勁而勁自合，洵至以意運勁，以氣代意，精神所觸，莫之能禦，則為『階及神明』」。拳經曰：「然非用力之久，不能豁然貫通。」是非數十年純功，曷克臻至。而太極散手只用數年純功，即可大成。古訓為「三年一小成，五年一大成」，此段亦僅兩年純功即可達至。

第三節　太極拳散手應用特點

一、練姿勢務求實用

有學太極拳者，窮畢生精力，不能應用，勞而無獲，為數當不在少。其所致如此，多以徒沽虛名，不求真求實者居多數。有學太極拳者，皆以為健身而練習，志不在用，認為太極拳運動柔緩，適合人體生理，故不須求其應用，且不究其柔緩之故。此意是對太極拳認識不足。

太極拳者，內功拳也，其旨在引勁導氣，故體主柔，動主緩。柔則勁不滯，緩則氣可勻，發於內而動於外。神意氣勁，相於為用，內外合一。

太極拳功法，內外兼修，剛柔相濟，動靜相宜，即陰陽相合，故名為太極拳。其作用有三：一健身，二應用，

三修養。如將太極拳以操動作，不求內修，其健身作用也未達善全，又何須致力於太極拳。若以太極拳運動為妙稱，而專意為之，亦未有不能應用者。冒習太極拳之名，而不務太極拳之實用者，其中僅知拳式不明應用者有之；明應用不作實踐探討者有之；徒標虛名，無益於己，更或好為人師，妄言不慚，自欺欺人，以致好學太極拳者，誤認為太極拳法無用，是為不務實用之輩所影響。

太極拳之精著開合，進退上下，陰陽剛柔，在應用亦相對連用。所謂開合勁，習太極拳散練功法，首宜先習開合手，此為循序漸進之初步。凡前後、左右、上下、往復皆屬開合，而於應用亦無不合理。

太極散手旨在應用，應去其輕浮剛猛之氣，而入於清靜無為之域，就有形之招式，求其動靜虛實之變化，身勢手步一氣貫穿，不使拙力，不用猛勁，練習時如此，對敵時亦如此，習慣成自然，而後成自然之懂勁。

二、明勁理以柔濟剛

太極拳運動以柔剛喻陰陽。陰陽和合，圓太極之理；剛柔並用，須臾不可忽離。太極拳主柔，是為氣勁不滯，應用中時而柔，乃柔其所當柔，順敵之力柔而化之；柔中以寓剛，是謂以柔濟剛。當柔則柔，當剛則剛。柔用化而剛用制，唯審於動靜之機，虛靜之微。虛則能容，靜則能應。太極拳能以虛靜勝人，亦非太極拳主柔，而知柔中之剛，有無堅不破之效。太極拳之所以稱太極，主要體現在它的用勁，是柔中有剛，剛中有柔，剛柔互用，而執其

中，喻太極之陰不離陽，陽不離陰的意義。有專練柔化者不會發人，這是錯把柔與發分別開來，看成兩件事，不懂柔中有剛，剛中有柔之道理。太極拳動作必須走弧線，就是為動作由柔轉剛、由剛轉柔之便利、快捷而制定。在運用時，剛柔循環，無端可尋，此為太極拳之正軌。

　　太極拳法主柔緩，不僅是為柔能克剛之道理，其要是避免技擊時犯「雙重」之弊。所謂「雙重」，是指與人交手時，既不肯用人剛我柔之走化勁，引對方落空，又不會趁勢用「黏」勁，取得我順人背之優勢，只知道人用力我也用力，人搶先我也搶先，結果是力小輸給力大，手慢輸給手快。此非對方武藝高強，而為我自找苦吃，沒有領悟「太極拳論」，犯了雙重之病。雙重之病，簡單地說，就是只知用剛，不知用柔之病。須知兩人交手都用剛勁，勁小者必受制於勁大者。太極拳處處講柔化，首先可避免不必要的或不利於自己之衝突。但在交手時，如果知以柔避退，不以剛進擊，就符合了剛柔相濟和以柔克剛之道理。

　　太極拳處處用柔勁，既避免交手中的衝擊以致失敗；同時，可以從柔化中瞭解對方之虛實強弱，據自己的優勢立刻還擊。如不當還擊，也不致失手誤傷。這種剛柔相濟，攻守咸宜之技擊方法，就是太極拳的基本優點所在。

三、明攻守以靜待動

　　太極拳之柔化方法，雖有攻守咸宜之優點，但若用之不得其時，或不得其點，未能掌握對方動向何如，是難以得到充分之效果，因此，應用時還須以靜待動。太極拳擊

人，並非「先下手為強」。然若雙方均已備戰，而同取守勢以靜待動，則不可不戰。孫子所謂「善戰者致人，而不致於人」。太極拳以防人為主，旨在不施猛烈之笨勁，以免為敵所乘，而是在「聽察」對方的真正動向後，後發先至。這種擊法自己務須極端鎮靜，聽任對方出手爭先，不可著慌，須等對方發出勁來，方可還擊。如他來勢較猛，可用化勁引進落空，挒採二勁可擇一而用之。如不讓他近身，也可乘他未至而用掤勁截之。

切記，要在對方陷入劣勢，不及轉變之時而擊之。攻人者，攻其要害，攻其弱點，攻其不防，攻其不及，非漫無意識之進攻。守者，守己之要害而已。難顧之處，或強以儡之，或弱以誘之，而緊隨攻於其後。誘敵則敵未有不動，敵動則己未有不知，非謹守不攻之意。攻與守一分為二，合二為一。有時以守為攻，寓剛於柔之中，使敵不防；有時以攻為守，置防於進之內，使敵難逞。但攻時注意嚴防，守時分心以待攻。打手歌曰：「彼不動，己不動；彼微動，己先動。」就是指以靜待動，後發先至而言。須平時練成，於無意中運用自如者，是為得之。

四、知機變以退為進

太極拳講著勁，雖千變萬化，總括之只有兩個字：「走」、「黏」。「走」是柔化敵之來勁，用走法引使落空。「黏」是在走化後，乘機用「黏」法，控制敵轉變，以造成我順人背之優勢。應用時，要循「走即是黏，黏即是走」，「走」與「黏」循環運用，方能盡其妙用。

但敵總是要掙扎反抗的，所以機變不可不講，天下事必有其機，相機以觀其變。在交手中務要隨機應變，不可專用一招一勁，是以審時度勢以補招勁之窮，或化而擲，或挪而擲，或採而提，或挒而擠，或黏而發，或捌而擊。須先立意所在，靜守其機，動究其變。《太極拳經》所謂「動急急應，動緩緩隨」，非以懂勁為機變，應在循環應用上以求熟練。觀敵進退手步身法以為知機變，養成以退為進的習慣，能隨敵而緩急如意，寓機變於無形之中者，為上乘，在太極拳名為招熟之功。

　　然此招之動，必有其機；彼招之來，必有其變。因此必須先知敵之變，而扼其機；審敵之機，而制其變。其要在「後發先至」之功，才可得「致人而不致於人」之效。

五、明虛實以小制大

　　對敵方法甚多，不外奇正虛實，以小制大而已。太極散手，招招之內無不包含此四者，而尤虛實之辨，是太極拳以小制大的力學原理根據。然虛實非僅明敵之虛實，須先明自身之虛實。《太極拳經論》曰：「人不知我，我獨知人。」然知人之方較易，唯我能自知，方能人不知我。知己之法須先知拳法虛實，而太極拳極陰陽變化之能事，一處自有一處虛實，處處總此一虛實；甚至以招言之則顯外，以勁言之則隱內。

　　太極拳對敵方法以捨己從人為原則，其要在沾黏之功，而貴在近身。故虛實不僅現於外。敵虛我實，敵實我虛；或敵虛我也虛，敵實我也實，隨機應變，隨敵之虛

實而反為之。如敵施一招，我即接手在敵之動作上，加上我之勁或減少我之勁（從有勁突然為無勁，術語叫做空勁），目的在使敵方落空，重心動搖；或以沾黏使敵方落入不利方位，然後趁勢打擊，此即「引進落空合即出」，能就敵之虛實而虛實。功夫精純後，無意而皆意，無法而皆法，運化之妙，如雲出無心。此種境界，非可一蹴而至。拳經云：「虛實宜分清楚。」細味此言，應於每式每招、一開一合、一進一退，瞭解一處之虛實，繼而全身動作只分一虛實，所謂「處處總此一虛實也」。初之為虛為實出諸有意，再則虛者實之，實者虛之，變化無限。總之當虛則虛，當實則實，虛虛實實，實實虛虛，渾然而為太極之象。虛實之法，進功於此境，人必不易知我；人不知我，則以小制大，從吾心之所欲。

知人虛實之法，以觀其容色舉止，進退伸縮之方，其結果可得十之三四。所謂腿起肩斜而已，然皆由耳目之觀察，心理之猜度，得失參半。最妙在一黏敵之身，即以感覺明辨其虛實；接觸之處，動靜剛柔瞭若觀火，稍觸即發，悉逢肯綮，攻防相倚伏，虛實互為消長。以靈覺代替耳目，此為太極拳之特長——懂勁。

但不是全捨有形之觀察，要於觀察審慎之處，以靈覺代替耳目，取長補短，內外兼施，陰陽相濟，以判斷得失，故必能靜而後能動，柔而後能剛。

知己知彼，其方法則在乎練。知人之方法，始從知己練至。兵法有云：「知己知彼，百戰不殆；不知彼而知己，一勝一負。」若己彼皆不能知，克敵必敗。

第二章

太極拳散手圖說

第一節　動作名稱

第一式　預備式	第十七式　蹬　腳
第二式　起勢吐納功	第十八式　雙風貫耳
第三式　兩　儀	第十九式　金雞獨立
第四式　攬雀尾	第二十式　倒攆猴
第五式　左顧右盼	第二十一式　斜　飛
第六式　提　手	第二十二式　旋肘搬靠
第七式　單　鞭	第二十三式　白鶴亮翅
第八式　高探馬	第二十四式　摟膝拗步
第九式　分　腳	第二十五式　如封似閉
第十式　推窗望月	第二十六式　十字手
第十一式　進步栽捶	第二十七式　抱虎歸山
第十二式　撇身捶	第二十八式　肘底捶
第十三式　踢　腳	第二十九式　海底針
第十四式　轉身大捋	第三　十式　扇通臂
第十五式　左右打虎	第三十一式　雲　手
第十六式　白猿獻果	第三十二式　玉女穿梭

第二節　動作練法圖說

一、預備式

1. 身體直立，兩足跟併攏，兩足尖外展成八字形。頭正頂懸，頜微內合。兩肩後捲下落微前扣，兩臂自然下垂，成立正勢。凝神靜氣，調息片時，目平視向前（圖2-1虎視眈眈）。

【歌　訣】

提心吊膽頭頂懸，兩膀鬆散落自然。

目光嚴定神從容，息息深深達亹亹。

2. 接上勢，左足向左分開，兩足距離與肩等寬，足尖向前，兩足平行。兩膀鬆沉，兩臂下垂，手心向內，指尖向下用意向前。塌腰收尾，兩腿微鬆坐臀（圖2-2驚鳥起飛）。

圖2-1 虎視眈眈

【要　點】

拳勢開始為振作精神，必有預備。太極拳以知覺、感覺、觸覺煉神，由開合、鼓蕩、呼吸煉氣；最重連貫，提神換氣預備式非常重要，尤以輕靈無滯，呈自然之狀態為佳。久練此勢，有促進全身神經活躍、氣血暢通之快娛。

【歌　訣】

氣鬆腹內身從氣，命意源頭在腰隙。

悠然開步垂手立，始覺衣袂生秋風。

二、起勢吐納功

1. 兩手由左右合抱至丹田，兩手心向上，指尖向前，由丹田徐徐托起至胸膈間。同時，收腹吐氣，氣由鼻孔出（圖2－3天王托塔）。

2. 兩手指相對，手腕內旋至掌心向下。同時，再收腹提肛，拔背含胸，吸氣至胸內氣滿不可再容之際即呼氣；

圖2－2 驚鳥起飛　　　圖2－3 天王托塔

21

呼氣時胸背放鬆，氣由鼻孔出，待胸內濁氣呼盡，即鬆腹納入清氣；清氣下沉丹田，腹自鼓出，不可努力。同時，兩手掌指尖向前，隨納氣徐徐下按至丹田。兩腿隨之微蹲。兩手微外拔，復返原姿勢（圖2－4 攜帶提袍）。

如此重複做三回六次呼氣。呼氣時默念六字聲，即一呼，二呵呬，三噓嘻吹，演成六個小周天。

圖2-4 攜帶提袍

【要　點】

在呼吸時，手與呼吸之動作須內外一致。兩手掌翻轉吐納與腹部鼓蕩念字聲，須內外相合，綿密結合。念字時要意鬆部位：一呼鬆髀，二呵、呬鬆兩肘，三噓鬆腋、嘻鬆臍、吹鬆膕。

兩掌升降要勻緩，無停頓不間斷。久之，手之托按氣亦隨之，即鼓蕩之意也。

【歌　訣】

吐故納新氣須圓，攝得真津鼎內煎。

吐氣兩手托上行，起自丹田托至胸。

腹收精氣全提住，勢若騰空上蒼穹。

待得吸盡變成呼，濁氣除去清氣沉。

腹鬆手按納氣候，渾然一息還太虛。

二氣循環無先後，演成六個小周天。

呼呵呬噓嘻與吹，激濁揚清精氣添。

漫道添功如添線，月臨十五自轉圓。

三、兩　儀

1. 左足裡扣，身微右轉，右足跟提起，足尖點地成右虛步。同時，右手掌隨身右轉向右下捋按至右胯外側，掌心向下；左手掌向右橫推至右胸前，高與胸平，掌心斜向下（圖2-5 獅子張口）。

2. 右足前踏一步，左足不動成丁八馬步。同時，右手掌外旋，掌心向上，隨右步前踏時向前伸托，高與肩平；左手掌回撤至右肘內側，掌心向下（圖2-6 獅子撕食）。

3. 右足裡扣，身左轉90°。右手掌向左上方格攔至頭左側前，掌心向上。繼之左足提移至右足內側前，足尖點地成左虛步（圖2-7 倚蹬攀枝）。

圖2-5 獅子張口　　圖2-6 獅子撕食　　圖2-7 倚蹬攀枝

圖2－8 攀枝摘果

4. 左足向前踏一步，右足不動成丁八馬步。同時，兩臂旋翻至兩掌心相對，左掌隨左足前踏向前伸探，掌心向上，高與肩平；右掌回撤至左肘內側，掌心向下（圖2－8 攀枝摘果）。

【要 點】

此式左右演練，重在搓柔撫推，或裡或外，或平或立，或順或逆，兩手運行悉為圓形，要在能運用腰脊之力注於掌心，以增迴旋柔化之勁；內以三圓功配合，充盈丹田。

【歌 訣】

出手含掤似圍牆，雖逢強敵莫慌張。
變個圈兒左右化，後步挺勁作中樑。
若逢剛勁倚逞強，順勁下捋敵難防。
左右搬攔傷人面，或按或捋自思量。

四、攬雀尾

1. 左足尖裡扣，身向右擰轉。左手掌向右肩上方推託，掌心斜向上。右足向前鉤掛移步，足跟點地，足尖向上勾蹺，兩腿微屈成右虛步勢（圖2－9 托樑換柱）。

2. 繼以右手掌向左腋下肘後

圖2－9 托樑換柱

穿插，掌心向上（圖2－10 巧女紉針）。

3. 接著右掌沿左臂外向上挪挑，左掌回撤落至右肘彎處，兩掌心均斜向上（圖2－11 燕子串技）。

4. 右足向前踏進半步成右弓步勢。同時，兩臂滾翻至兩掌心向下時落臂，鬆肩沉肘，向前挪擠（圖2－12 乘龍上天）。

圖2－10 巧女紉針

5. 接著身體後坐，屈左膝，腰左轉。兩手向左後方捋，右手略高，掌心向下；左手略低，掌心向上。同時，右足虛，待兩手掌捋至腹前時，腰即右轉，虛左足，重心前移（圖2－13 滑坡塌方）。

圖2－11 燕子串技　　　圖2－12 乘龍上天　　　圖2－13 滑坡塌方

6. 接著右臂屈肘橫於胸前，掌心向內；左手按於右手腕根向前擠出。同時，屈右膝，成右弓步勢。待兩手臂擠至與右足齊時身復後坐，屈左膝成丁八馬步勢。並以兩臂撐擠發勁（圖2－14龍蛙鼓鰓）。

7. 接著兩手掌根旋擰至兩掌心向上，兩手十指採握成拳，左拳回撤至右肩前，拳心向上；右拳向裡旋擰，向前伸穿，拳心向下。同時，右膝前屈成右弓步勢（圖2－15金蛇纏枝）。

8. 接著身體後坐，屈左膝，成丁八馬步勢。同時，右臂外旋，右拳臂向上向裡擰裹，向懷內肱挌至右胸肩前（圖2－16坐步挌攬）。

9. 接著左拳變掌按於右腕處，右臂屈肱復旋擰擠，挌按於腹前，兩手掌向下順按前推。同時，屈右腿前弓，繼身後坐，右足尖裡扣成騎馬步勢（圖2－17順肩催手）。

圖2－14 龍蛙鼓鰓　　　　　圖2－15 金蛇纏枝

圖2－16 坐步捋攬

圖2－17 順肩催手

【要　點】

此式運動成雙環形，身手務須一致。凡與敵搭手，先須隱含掤意。掤勁在未發之先，不上不下，不前不後。兩臂抱圓，不頂不丟，不扁不抗，不隨不滯，是為得之。重在運動腹腰肩背及四肢，有一身備五弓之效，獲全身心神健康鍛鍊，益智益能。

【歌　訣】

攬雀尾式立四正，陰陽配備最稱神。

卦象乾堅守萬物，謹防上方太剛強。

掤擠卻敵繼變按，敵雖強悍不相干。

變捋變擠從君意，含胸拔背最忌偏。

掤按雙推須熟練，全憑腰腿作機關。

捋來擠去像離坎，剛柔相濟勢不偏。

上掤下按隨變坤，水火既濟妙難言。

27

太極圓法妙無窮，八法盡在雀尾中。

世人識得環中妙，真能四兩撥千斤。

五、左顧右盼

1. 兩足作乘騎步。兩手雙合按於胸腹前。即以腰為軸，腰輪平轉向左（圖2－18佛坐蓮池）。

2. 接著復以腰為軸，腰輪向右平轉。兩手隨之推至右側（圖2－19織女紡花）。

【要　點】

此式反覆練習，運動時要樁步穩站，以腰鬆靈轉動，轉到左右盡力處，兩手向外撐擠按切，可康復腎腰之疾。

【歌　訣】

雙推雙按雙合手，腰輪靈轉離心丟。

轉到盡處煞不住，懶龍臥道又一手。

圖2－18 佛坐蓮池　　　　圖2－19 織女紡花

六、提　手

1. 左開步站立，上左步，虛左足。左手上提於胸前，掌心向內；右手隨之合抱於左肘處，兩掌心相對，如抱琵琶狀（圖2－20 左右跨欄）。

2. 接著左足踏實。左手搬扣，右手掌下插指襠（圖2－21 探海擒龍）。

3. 接著左手下按至腹前。上右步，右手由左臂內掏出上提（圖2－22 五龍升天）。

【要　點】

單練此式自雙合手始，左壓右提，右壓左提，左右咸宜。平時練習養成一扣一提之習慣，隨時演練。要在頂勁上提，腰腿隨之上下，以練習脊骨之伸縮力，且可使肩肘腕膝之關節運動靈活。

圖2－20 左右跨欄　　圖2－21 探海擒龍　　圖2－22 五龍升天

【歌　訣】

遇敵推撲雙合手，垂肘鬆肩往下沉。

蹲腿含胸能蓄勢，聳而一提滿面紅。

下式先從左手掤，右手直插敵襠中。

待他左手抵提防，左搬右提分外凶。

提手源本上下式，全憑起伏建奇功。

氣發腳跟勁到腕，左右連環落不空。

七、單　鞭

1. 虛右足，身微右轉。左手上提掤於右肩前，右手腕內旋攏指、屈腕勾手向右斜方伸。右足尖裡扣踏實，左足提成左虛步。左手掌隨左足虛提，經腹前向上提掛至右胸前，掌心向內。目視左掌（圖2-23迎手剪枝）。

2. 接著左足向左前踏進半步。左手掌隨即經體前略作上弧形向左前方坐腕推擊，食指高齊鼻準。同時，左腿屈膝成左弓步，全身重心移於左足，鬆肩，沉肘，正身。目視前方（圖2-24揚掌劈門）。

【要　點】

此式自右手撮勾起，將右臂之勁以意導引經右肘、右肩、脊背、左肩、左肘而達於左手掌心，平輔全掌，沉著吐力，為四肢及背部運動。左手掌出擊用鞭勁，推、按、切、捌諸勁均可。唯須注意兩臂平鬆，不可聳肩，用通背勁。左右互練動作相同，唯方向相反。

【歌　訣】

單鞭一勢最稱雄，左像箭來右似弓。

圖2-23 迎手剪枝　　　圖2-24 揚掌劈門　　　圖2-25 誘耳進肋

順肩襯肘打四面，鋼鞭一擊追人魂。

近得身來勁變捌，或推或按任君施。

左顧右盼迎頭擊，進退從人莫相違。

八、高探馬

1. 悠然開步站立，虛左足前移成
左虛步。左手腕臂上提，肩鬆肘垂，
掌心向右，高至鼻準（圖2-25 誘耳
進肋）。

2. 左手外挽下捋，仰手屈肘置於
左肋旁；同時，右手作掌經胸面前橫
掌向前撲面，掌心向外，高至鼻齊
（圖2-26 捋撲連環）。

3. 左足向左前方移半步，重心前

圖2-26 捋撲連環

移至左足。同時，右掌隨左足移步平旋翻至掌心向上，置於左肩前，高與肩平（圖2-27 掖肘擺沖）。

【要　點】

此式左右動作相同，應用相同，變招最繁，為掌法之首要。練習此式，手足動作須一致，撲面純運腰脊之力，須含胸鬆肩。左高探馬，在右分腳前；右高探馬，在左分腳前，是太極拳開合往復自然之順勁。

【歌　訣】

探馬立勢最高強，平肩正胯招內藏。

捋採撲面鎖喉刺，左右連環掌法奇。

釋手推按敵難防，輕靈神妙世無雙。

左右鈎抬多變化，步活順拗腿盤旋。

九、分　腳

1. 悠然開步站立，左足向左前方移進半步。右手臂上

圖2-27 掖肘擺沖　　　圖2-28 蹲猿抱食

提挒，意在摜擊敵右耳面，隨之左手掌前伸於右腕下，繼兩手分開向前後畫一圈，隨向內抱成十字手勢。同時，右足收於左足內，足尖點地成虛丁步，蓄勢下蹲（圖2-28 蹲猿抱食）。

2. 接著身聳起，兩手掌由十字勢前後分開，腕與肩平。同時，起右足向右前方分踢，高與胯平（圖2-29順風揚場）。

圖2-29 順風揚場

【要　點】

此式運動所當注意者，兩手分開向外畫一圓圈成十字手，與撤步捋手須一致。踢足時兩臂成水平，支撐腿微屈，踢出之勁發於腰脊，達於足背足尖。左右互易，動作相同。

【歌　訣】

撤步雙捋敵勁空，分踢兩臂勢須平。

後腿微屈能蓄勢，纏手掤掛脊中正。

五行步內此為雄，進退左右變無窮。

聳然一足分踢出，高自頭面低在腹。

十、推窗望月

1. 開步自然站立，左足挪移半步踏實，右足虛點地面成右虛丁步，身右轉。右手上提於右肩前，掌心向內，高與肩平。右足踏實，虛左足。兩手上提合抱掌，左手在

前，右手在後，兩掌心相對，向右下雙捋至胸懷前。身下
蹲蓄勢（圖2-30捋手撲面）。

2. 接著身聳起，起左足向右前方鉤掛踢出，高與胯
平。同時，左手掌向右抹按，右手掌向右前方提推。身微
左擰，目視正前方（圖2-31提踢跨馬）。

3. 接著左足向體右側下落蓋步，左足外展；右足提
跟，足尖著地，兩腿屈膝下蹲。同時，兩手掌合抱懷內，
左手掌在上，右手掌在下，兩掌心相對（圖2-32麻花纏
絞）。

4. 接著身右轉一圈，右足向右前方踏半步，足跟著
地，足尖上翹，兩腿屈膝下蹲。同時，兩手隨體旋轉，右
手自左肘外側滾架於頭右上方，左手由右臂裡向右前方推
出。目視兩掌（圖2-33開窗掛鉤）。

【要　點】

此式運動形如螺旋，隨轉隨蹲，蓄勁於腰脊、腿膝，

圖2-30 捋手撲面　　圖2-31 提踢跨馬　　圖2-32 麻花纏絞

達於兩掌。旋轉時以足跟、足掌為軸，務須周身一致，螺旋發勁。

【歌　訣】

挒手撲面尋常事，騰手探撲鎖喉刺。

虛丁蹲身蓄勢變，聳身跨虎踢膝臁。

撐腰轉胯步隨身，左右轉身用法同。

扣步轉身手懷抱，轉後推撲鬼神驚。

十一、進步栽捶

1. 開步立，身體左轉，右足尖點地成右虛步。同時，兩手雙合由外向左後方採挒，復繼體右轉，兩手掌合腕於胸腹前。隨之右足前進半步，作弓步向前擠出，繼後坐體成丁八馬步。同時，兩手合力撐擠（圖2-34 引火焚身）。

圖2-33 開窗掛鉤　　　圖2-34 引火焚身

2. 接著右手臂上掤，左手臂下按，兩掌上下分展；繼而兩掌左右分展畫橫圓，左掌由下向左上畫於胸前，掌心向下；右掌由上向右下畫至腹側，掌心向上。接著左掌下按至腹前，右掌握拳由左臂內向上衝擊（圖2-35移枝接木）。

圖2-35 移枝接木

3. 接著右臂內旋向右上滾翻掤擠，繼向右下撤壓，落於右肋旁。同時，左足進一步成左虛步。左掌由腹前經左上向右搬攔於體前（圖2-36落葉歸根）。

4. 接著左足前踏半步成左弓步。左掌隨之向左搬扣，右拳向前下栽擊，左掌隨即上攔於右肩前（圖2-37海底炸雷）。

圖2-36 落葉歸根　　　　圖2-37 海底炸雷

【要　點】

練習此式須記「得隴望蜀」，由上而下栽擊為栽捶；由肋發拳下栽為指襠捶；由肋中平發拳為搬攔捶；拳法多變換。栽擊時運用脊力，最忌頭頂下垂冒過足尖，以免湧血傷腦，亦且失重心。

【歌　訣】

立身原從上勢來，忽然此處巧安排。

虛步與前原一樣，復轉腰身出心裁。

轉身向左施柔化，專破左手當胸推。

兩手抒按合手擠，先弓後坐背撐圓。

栽捶原向面鼻打，左手搬扣且推拿。

徒他左手迎捶上，栽向丹田用不差。

有時順手被擒拿，順勁栽擊不畏他。

捶到丹田使勁抖，管叫敵輩落平沙。

十二、撇身捶

1. 開步自然站立，左足裡扣，右足後移步轉身，左腿伸直。左手掌向左胯外拓按。右腿屈成右弓步。同時，右臂屈肘向右前頂，高與肩平。目視右前方（圖2－38 犀牛望月）。

2. 接著右足向右側移半步，身隨之右擰。並以左手按

圖2－38 犀牛望月

於右手腕處，隨右肘浮依右肋撇身引進；同時，右拳反背由上落下與肘平（圖2－39 扣腕採挒）。

3. 接著左手掌向前撲擊，指尖向上，成拗弓步前擊掌勢（圖2－40 撲面紅花）。

【要　點】

此式左右互練，重在撇身，撇身時運用圓勁，以腰為軸，不憑步之變化。依式練習，手足之動作以腰脊為樞紐，專練腰力，增長橫勁，行之既久，自可臻於輕靈活潑、便利從心之境。

【歌　訣】

右腕忽為順手執，回肘屈臂抱左肋。

左手扣緊休鬆勁，肋下交叉是此式。

撇身扣疊勢為雄，引進原來更落空。

撇身反背一捶擊，尚留左掌未前伸。

轉身壓腕破擒拿，齊眉一掌見紅花。

敵來扣腿兼撲面，移步掤推絆跌他。

圖2－39 扣腕採挒　　　圖2－40 撲面紅花

十三、踢　腳

1. 開步自然站立，虛左足後撤半步。左手掌向左後退柔畫平圓前按。同時，左足隨之上一步作左弓步。繼以右手掌從左臂上前探伸，掌心向上，兩手掌成十字手勢（圖2-41披身探花）。

2. 接著左手掌上挑，自上向左後畫弧，落至左肩臂平；右手掌屈肘經胸前從下向上畫弧挑至右肩臂平，兩掌心均向下。接著身聳起，起右足向右掌處踢出，並踢響右掌（圖2-42分擲踢腳）。

3. 接著屈右膝收提右足，體右轉成獨立勢。同時，右掌屈肘向懷內經胸前反背折疊前擊，掌心向上；左掌隨之由後向上經頭上方向前下蓋擊（圖2-43上驚下踢）。

【要　點】

此式注意披身須以腰為樞紐，含進退之機。平時應隨

圖2-41 披身探花　　　　圖2-42 分擲踢腳

時隨地練習分擲起踢。卸步進步簡而易行，若遇敵時有自動用招之妙，謂之招熟。踢腳左右應用相同，左右分擲敵臂起腳踢之。步要起落輕靈，收放敏捷。

【歌　訣】

貼身起腿最為難，披身用腳事偏易。

卸他來勁用披身，要訣全憑卸移步。

蹲身蓄勢任機關，捋臂分擲起腳踢。

開合相生多變化，最愁腰腿不輕靈。

向後披身撤半步，向前倒叉腳追心。

用腳尺寸要分明，無過不及是為神。

十四、轉身大捋

1. 開步自然站立，右足向右後撤一步。同時，兩手掌合抱向右下採捋。兩腿屈膝成龍門步勢（圖2－44 採捋掃踢）。

圖2－43 上驚下踢　　　　圖2－44 採捋掃踢

2. 接著聳身起立。左手掌反背上提橫貫，高與耳平。目視左掌（圖2－45 挱按提摜）。

3. 接著左足向右足後倒插一步，同時體左轉180°。兩手合抱隨體轉向左後挱按，作丁八馬步勢（圖2－46 鷹盤搏兔）。

【要　點】

此式運動依腰為樞紐，腰輪平轉左右相同，腰轉平圓，手臂轉立圓，雖動作相同，招法甚多變換。

【歌　訣】

合手挱臂敵前傾，提手橫貫敵耳門。

我制敵人人制我，釋手雙推敵肩倒。

雙挱左臂敵斜傾，此處還添一轉身。

轉身肩靠借腰力，如鷹搏兔要神速。

採捆左臂雙手按，折杆剪腕不容情。

虛實相生動靜間，進退難逃太極圈。

圖2－45 挱按提摜　　　　圖2－46 鷹盤搏兔

圖2-47 螳螂捕食

十五、左右打虎

1. 開步自然站立。兩手掌按於腹前，掌心向下，並以兩手向腰兩側後撐，隨即翻旋向左右畫弧，握拳合於腹前（圖2-47 螳螂捕食）。

2. 右足向左足靠攏，左足前進一步成左弓步。同時，兩拳向腰後插，並以右拳由腰後旋轉屈肘收於左肋前，虎口貼近左肋；左拳由腰後旋轉上舉，仰拳覆蓋於左額上方（圖2-48 搬打相隨）。

3. 接著身右轉，右足向右移步，作仆步下勢成右弓步。並以右拳隨身右轉向腰伸插，隨右腿外側仆步下插，隨右弓步右拳上舉於右額上方；同時，左拳由上壓下，橫於右肋前，虎口貼近右肋（圖2-49 落地通天）。

圖2-48 搬打相隨　　　　圖2-49 落地通天

【要　點】

此式應用兇猛，左右相同者，則應用亦同；左右不同者，其作用有別。

【歌　訣】

猛虎撲來勢更凶，先教引進落成空。

搬打相隨傷耳鬢，通天一炮血花紅。

敵來握臂是雙手，後撤一轉黏即走。

引得敵根提起後，探拳似箭擊迎頭。

十六、白猿獻果

1. 開步自然站立，左足後卸閃身，虛右足。同時，左手向右搬扣於右胸肋。右足進步踏實。右拳向上沖搋，高與眉齊（圖2-50 閃身獻果）。

2. 接著兩拳外旋，兩肘向內裏夾，拳心向上，砸落於腹前。同時，右足收撤於左足前，足尖點地成右虛步（圖2-51 躬身獻果）。

3. 接著兩拳由腹前上提前推。同時，右足前進一步，左足起步前蹬踢，收落於右足內側踏實，即虛右足（圖2-52 捧托獻果）。

【要　點】

此式運動，須注

圖2-50 閃身獻果　圖2-51 躬身獻果

太極拳散手闡微

圖2-52 捧托獻果

意身手步配合一致。兩臂劃立圓與進步、蹬足、換步都要輕靈敏捷，全用腹腰之力。

【歌　訣】

忽然當胸敵打來，閃身卸步即躲開。

兩肘裡裹夾敵臂，挫搋砸壓一捅來。

托臂上沖下足蹬，雖是神手亦難躲。

腳跟蹬去憑腰勁，託盤獻果衝步跟。

十七、蹬　腳

1. 開步自然站立，身體左轉，虛左足。右手向左攔推於左側前，左掌前伸於右掌腕下，成十字手。同時，左足前進一步，成左弓步（圖2-53鎖臂取瞳）。

2. 接著兩掌同時向左右分展。起右足向前蹬出，高與胯平。同時，兩手掌作拳收於腰部兩側（圖2-54 開臂蹬胸）。

圖2-53 鎖臂取瞳

圖2-54 開臂蹬胸

44

【要　點】

著地之腿稍屈，蹬發之足要含蓄飽滿，發足時身軀上聳，全力到足，著敵即收，毫無沉滯。

【歌　訣】

足踏十字號五行，隨著進退顯屈伸。

只因及遠兼敵眾，踢在前陰蹬在胸。

轉身忽見敵來攻，閃避攔格順勢行。

開合開纏憑兩臂，攻防相濟快如風。

遇敵追來即止步，虛實相生腿要靈。

足跟蹬去憑腰勁，捋住敵手取雙瞳。

敵人迎面緊追來，忽然蹲身扣步回。

分手格攔看尺寸，蹬去一足再不來。

隨即接手身蓄勢，回身足蹬膝骨臏。

十八、雙風貫耳

1. 開步站立，身體右轉，虛右足。左手變掌向右摟扣於腹前，右手掌向左前擺貫，掌心向左，高與耳齊（圖2－55 摟貫連環）。

2. 接著右手掌摟扣於腹前；同時，兩掌變拳外翻撤收於腰側。並起右足向前蹬出，屈膝收回右足。即以兩拳前推於膝兩側（圖2－56 老漢推車）。

圖2－55 摟貫連環

45

3. 接著右足落地作右弓步。同時，兩拳向左右兩側撤劃雙環，並向頭前上方貫出，拳心向外，兩臂內彎成橢圓形，兩拳距離約五寸（圖2-57 雙風貫耳）。

【要　點】

此式兩臂運動形成左右兩圓圈，運動時須與身腿之屈伸一致。式內手法多變，兼攻防並用，且可破擒解危。

【歌　訣】

當胸敵打不須慌，順勢摟開貫耳鬢。

身法一卸即還進，太陽擊中命歸陰。

雙風貫耳莫猶豫，堂堂之陣整又齊。

上掤下摟隨時變，如雷如電準相宜。

敵將雙臂按前來，向上掤開進步推。

若還剛勁如山嶽，十字捶將腕骨挫。

順握兩臂欲何方，撤化雙環自解危。

棉裡藏針憑迅速，最快無逾貫耳捶。

圖2-56 老漢推車　　　　圖2-57 雙風貫耳

雙捶貫耳快如風，化招雙環緊護身。

無端敵手臨圈內，摟開貫去便不輕。

摟打多招在上盤，引他頭上苦遮攔。

忽然擊向肋間去，致命還知太極拳。

十九、金雞獨立

1. 開步自然站立，左足後退一步，身左轉，右腿屈膝下蹲，左腿仆步伏地。同時，左手握拳，由左腰側沿左腿外側向下前伸於小腿外，右手握拳抱於右腰側（圖2－58雄雞撒翅）。

2. 接著右腿伸直，左腿屈膝成左弓步。左拳變掌向前推出，掌心向右，指尖向上；右拳變掌下按於右胯側（圖2－59金雞鳴晨）。

3. 接著右腿離地，重心移至左腿。左手掌下按於左胯外側，指尖向前；右手掌心向上，經右胯、右胸前上托前

圖2－58 雄雞撒翅　　　　圖2－59 金雞鳴晨

額右側。同時，右腿屈膝上提，至膝蓋與右肘相觸合為度，足尖上翹（圖2-60 金雞上架）。

4. 接著右腿下落，重心移於右腿。右手掌下按於右胯外側，左手掌上托。左腿屈膝上提，至膝蓋與左肘相合為度，足尖上翹（圖2-61 蟄龍升天）。

【要　點】

此式運動單腿獨立，全身寄於一足，務須穩妥正直，不可動搖。手足起落，尤須一致，其要在腰頂，足尖上翹，力貫於膝。應用此式，可上卸頦骨，下傷足面，中間提膝，易傷生命，非可浪施之招。擎掌提膝，愈近愈有把握，一鼓作氣，切忌猶豫敗事。

【歌　訣】

鳳凰展翅立平原，勢似蟄龍升上天。

擎掌托頦面額仰，提膝直撞下丹田。

步下連隨分進退，變化獨立最忌偏。

圖2-60 金雞上架　　　圖2-61 蟄龍升天

敵手擊來心莫慌，提膝順手截腕傷。

下捋再提擎天手，遠足近膝再加肘。

追魂索命休輕用，下傷兩腳不留情。

二十、倒攆猴

1. 開步自然站立。左手掌左外摟扣於胯外，右手掌前伸撲擊。同時，左腿提膝向前蹬出，高與胯平，力注足跟（圖2－62 三擊齊發）。

2. 接著左腿屈膝，左足撤回向左後掛踩。同時，左手掌隨左腿向左後甩掌，即翻轉向上順耳向前伸，掌心向下吐力。同時，右足撤回，足尖點地，成右虛步。右手掌翻轉回撤至胸前，與左掌胸前合抱（圖2－63 倒步捲肱）。

3. 接著右足向右後方撤步掛踩。右手掌隨之向右後方甩掌，即翻轉向上順耳向前伸，掌心向下吐力。同時，左足撤回，足尖點地成左虛步。左手掌翻轉回撤至胸前，與

圖2－62 三擊齊發

圖2－63 倒步捲肱

右掌胸前合抱（圖2-64 捋按捲折）。

4. 接著左足向後撤一步，重心移於左腿，右足斂收，足尖點地成右虛步。同時，左臂屈肘向後頂撐（圖2-65 引弓射雕）。

【要　點】

此式運動以兩手臂一出一回環繞掄擊，兩掌心相對吐力，有挫骨之勁；退步時鈎盤、倒掛、踩踏，任意施用，身體直立，最忌前傾。塌腰坐勢，輕靈鬆靜，頭頂懸，脊骨提，以運動督脈，自無腰痛諸病。

【歌　訣】

此式因號倒攆猴，輕靈倒步快如流。

摟採帶引中盤下，指點掌印擊人頭。

身後有敵襠中按，還須腰腿曲中求。

若逢步踏外門扣，腳跟倒掛利如鈎。

打至肋間兼腦後，才顯手段是高明。

圖2-64 捋按捲折　　　圖2-65 引弓射雕

倒捲肱時手撚搓，分筋挫骨快亦凶。

避實就虛引落空，陰陽倒轉別樣靈。

二十一、斜　飛

1. 開步自然站立，左足後退一步，右足尖虛著地面成右虛步。同時，左手上提於左胸前，腕外旋掌心斜向上；右手掌前伸撲擊，掌與肩平（圖2-66 掤捋橫捌）。

2. 接著右足向左足後倒插一步，右足尖著地。左手掌腕內旋，由左腋下向後插掌，繼翻轉向上向右肩前推託，掌心斜向下；同時，右手掌向左肋下插掌，掌心斜向上，兩掌心相對合抱於體左側。目視兩掌（圖2-67 烏龍絞柱）。

3. 接著體右轉一周，右足向右斜方踏一步，屈腿前弓，左腿伸直成右弓步。同時，右手掌向右上方橫攔，左手掌向左下方分按。目視右掌（圖2-68 斜身飛捌）。

圖2-66 掤捋橫捌　　圖2-67 烏龍絞柱　　圖2-68 斜身飛捌

4. 接著體後坐成龍門步勢。並以右掌腕下切,指尖下指。身體繼續前移復成右弓步。同時,右掌指上挑,右掌根前頂。身體繼續重複一次後坐前移。右掌隨體移動回拉前推,左掌隨後掌之動作,配合導疏腰脊背勁於右掌(圖2-69黏切連擊)。

5. 接著體左轉,收左足於右足內側,成左虛丁步。左掌隨左足回收,由下向懷內摟掛上提,至腹前經胸面向左前方劈出。左足隨即向左前方踏一步,成左弓步,繼體右移,左足內扣,成乘騎馬步。同時,左臂屈肘,左掌附於左肩上,右手屈腕下鉤(圖2-70斜身雙鞭)

【要　點】

此式為騰手法,以左右俱練為善,須力求勁之綿密不斷,轉換輕靈。

手足之動作以腰帶領,尤重運勁於腕,特重肩背腰脊之伸縮練習,即臂力腕力增進,不期而致。

圖2-69 黏切連擊　　　　　圖2-70 斜身雙鞭

【歌　訣】

老鷹盤旋展翅平，出手似箭快如風。

搭手斜捋腕外飛，陡然已至頦和腮。

順勢借力側身靠，擰腰轉胯乘虛入。

任他順手來推按，騰採膊前勢不歸。

倏地轉向肋間去，擊中期門一樣危。

接手若逢搭扨手，招變提捋掌扣撩。

二十二、旋肘搬靠

1. 開步自然站立。右手掌向右格攔刁扣，高與肩平；左臂屈肘，左手掌附於左肩上，掌心向前，以腰領勁，左肘尖由右向左旋轉三次。即左足外擺，身向左轉（圖2－71屈肱旋肘）。

2. 接著右足向左足前進一步，足跟點地。右手掌隨右足進步向前撩掌提搬，掌心向裡，左手掌隨即向下推按至右肘下方（圖2－72懷抱琵琶）。

圖2－71 屈肱旋肘

圖2－72 懷抱琵琶

3. 接著右足前踏一步，右腿屈膝前弓。右手掌下插指襠，以右肩向前方靠打，左手掌隨之上推於右肩前（圖2-73貼身靠打）。

【要　點】

此式運動重在以腰領帶，調動腰脊肩背肘手膝足之動作，務須全身完整一致，尤重內外相合。

【歌　訣】

敵托肘臂旋轉化，夾臂折疊把敵發。

肘打肩靠下插撩，上驚下打不容防。

二十三、白鶴亮翅

1. 開步自然站立，右足前進一步。左手掌直向前上方撲擊，右手掌摟按於右胯外側（圖2-74嬰兒吃奶）。

2. 接著左足前進一步，足尖點地，成左虛步。同時，左掌向斜下外摟至左胯外，右手掌經體前向上挑展至頭右

圖2-73 貼身靠打　　　　圖2-74 嬰兒吃奶

上方，兩手掌經體前交叉分展，兩掌心相應。兩腿微蹲，全身重心寄於右腿（圖2－75攖捉其鋒）。

3. 接著身向左擰轉，左足丁虛下蹲勢。右掌隨左擰轉向前橫摜，掌心向上，左手隨下蹲勢向下捋按（圖2－76順肩襯肘）。

4. 接著身復右擰轉。左掌隨身右轉向前橫掌撲擊，掌心向下；同時，右掌回撤屈肘後頂，肘與肩平（圖2－77龍鍘斬首）。

【要　點】

此式運動兩臂，以腰背為樞紐，腰輪平轉，至靈至速，練習胸背腰肋之伸縮力。左顧右盼，開合自然，斯為正宗。太極拳此式有斜展、正展之別，斜為展翅，正為亮翅。

【歌　訣】

兩臂環擊狀若何，閒來無事訪白鵝。

圖2－75 攖捉其鋒　　圖2－76 順肩襯肘　圖2－77 龍鍘斬首

自從單鞭逞兇後，顧盼輕靈數著它。

步要丁虛勢要蹲，即引即擊快如風。

腰輪平轉脊中正，舒展雙翅立雞群。

二十四、摟膝拗步

1. 開步自然站立。右提手纏腕刁捋，隨右足後卸一步時屈肘後拉。左足尖點地作左虛步。同時，左掌前探，高與肩平。身下蹲右轉。右肘下落，右掌隨之反背外挽下摟右膝，左掌隨轉身向右後推攔至右胸前（圖2-78 降龍伏虎）。

2. 接著身向左轉，左足前踏一步，屈膝成左弓步。左手掌經胸腹前下摟左膝外，掌心向下，臂微屈；同時，右手掌由下旋轉上舉，屈肘平肱經右耳側向前直伸，至極處指尖翹起，掌心吐力（圖2-79 捉蛇擒首）。

3. 接著身向左轉，右足收於左足裡側，足尖點地，成

圖2-78 降龍伏虎　　圖2-79 捉蛇擒首　　圖2-80 青蛇伏草

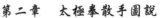

右虛步，身下蹲。左掌隨之反背外挽下摟左膝，右掌回撤經胸前左肩處向下推按，兩掌相對合抱（圖2-80青蛇伏草）。

4. 接著右足向右前方踏一步，身向右轉作右弓步。右手掌經身前下摟至右膝外，左手掌由下旋轉上舉，屈肘平肱，經左耳側向前直伸，至極處指尖上翹，掌心吐力（圖2-81黑虎掏心）。

5. 接著身向右轉，右足外擺，重心前移，全身重心移於右腿；左足收於右足裡側，足尖點地成左虛步。左掌向右推按，掌心向右下；右掌外旋由後上托，掌心向上，兩手合抱（圖2-82提腕壓肩）。

6. 接著左足向左前方踏一步，作左弓步，身左轉。左手掌隨轉身由右向左下外摟至左膝外，右手掌隨轉身向前直推（圖2-83坐步按掌）。

圖2-81 黑虎掏心　　　圖2-82 提腕壓肩　　　圖2-83 坐步按掌

圖2－84 平地旋風

7. 接著右足向左足內靠攏。右手掌下落插於腹前，左手按於右手腕背。右足向右方斜邁一步，兩腿屈膝下蹲，成馬步勢。同時，兩手隨右足移步，向右擦地畫弧至右足側，右手外挽握拳上提於腹側，左手掌向前推撲（圖2－84 平地旋風）。

【要　點】

此式兩臂手足之動作，以腰脊為樞紐，以腰力為主，除練習兩臂腰膝之伸縮力外，尤以運動脊柱為主。經常練習該式，可促進神經系統新陳代謝，精神興奮，感覺敏銳，腦部神經亦以之活潑，聰明智慧日進，久之可臻於輕靈活潑、便利從心之境。

【歌　訣】

起肩過胯膝外摟，指點掌印蓋當頭。

任他強敵來抵手，如封似閉打肩頭。

肘外須防敵推按，連環摟打見奇能。

一手採挒一推按，挾肩帶臂無阻攔。

合抱兩手分陰陽，降龍伏虎逞剛強。

應敵只在一寸間，眉間霹靂一命亡。

二十五、如封似閉

1. 開步自然站立，右足向右前進一步，成右弓步。左手掌向前立掌推出，掌心向右，高與肩平；右手握拳抱於腰側。目視左掌（圖2-85纏手推擊）。

2. 接著左足經右足內側，向左前方進一步，成左弓步。右拳經左掌腕臂上方向前打出，兩手成十字勢（圖2-86封手擊拳）。

3. 接著身後坐成龍門步勢。右拳回撤繞左掌變掌向前推按。身隨即前移復成左弓步（圖2-87閉門推月）。

【要　點】

此式名為封閉，純係象形，實為攻防兼顧之法，採挒推按四勁法兼可運用。如封似閉之招法，一為纏手，二為擒拿，三為推擲。一蓄一發，一開一合，由腳而腿而腰，以達內勁於手指。單式練習，首須明呼吸導引大意，而由

圖2-85 纏手推擊　　圖2-86 封手擊拳　　圖2-87 閉門推月

開合入手。腹鬆氣沉，陰陽相濟，肩鬆肘沉，切忌旁開致勁分散。撤拳時後坐，分手時進身，前推時上體正直，不可前傾。搭腕即須分開，分開即須前推，勿稍停滯，致勁間斷。照此練習，可運動四肢筋肉關節，連帶腰部諸筋，可瘉內腎各病。

【歌　訣】

如封似閉更出奇，採捌推按四般施。

不像他家憑猛力，開弓發箭準相宜。

雙推雙撲勢更凶，好似猛虎入羊群。

謹防剛勁煞不住，偶然過量即成空。

二十六、十字手

1. 開步自然站立，兩足平行與肩等寬。兩臂內彎抱於胸前，兩手十字交叉，掌心向內，左手在內，右手在外，繼上舉至頭頂上方（圖2−88 上十字封）。

2. 接著身下蹲作乘騎馬步。同時，兩臂向左右分展下落，掌心斜向前，兩臂與肩等平（圖2−89 開合十字）。

3. 接著兩臂以肩為軸，以腰領勁，由前向後呈立圓旋轉三周次；轉至第三次時身下蹲成坐馬步。兩臂隨之下落內彎經膝前下抱於胸前，左手在內，右手在外，兩手交叉相搭，翻掌外撐（圖2−90 下十字變）。

圖2−88 上十字封

圖2-89 開合十字　　　　　圖2-90 下十字變

【要　點】

十字手式為銜接手法，其用甚捷。其法心狠、意毒、手快三者兼有之，不可輕授受也。在運動方面，練腰腿兩臂之屈伸，以增進腰臂之橫力。

【歌　訣】

左手採來右手提，緊貼緊靠莫相離。

橫擊驟向襠間去，變著雙風貫耳宜。

銜接萬法十字手，正隅互變此中求。

十字手法變無窮，開合十字採捌擒。

二十七、抱虎歸山

1. 開步自然站立，身微左轉，虛右足。左手掌上提隨體左轉向左橫攔採，右手掌隨之下插至左胯外側，兩掌心相對，側身合抱（圖2-91 插襠靠肩）。

2. 接著右手掌內旋翻掌上提，橫於左肩前，掌心向下；左手掌向左下翻落插於左胯外前，掌心向上，合抱於身左側（圖2－92 倒海翻江）。

3. 接著左足裡扣，身右轉，右足收於左足內側，繼向右前踏一步，屈膝成右弓步。同時，以右手掌前伸橫掌撲擊，至盡處掌外挽採撤回至右胯外側，左掌即前伸橫掌撲擊（圖2－93 左右揚鞭）。

4. 接著身後坐成丁八馬步。左掌外挽採撤回至左胯側，右掌向右後方反背掄貫至右前上方，即屈肘向腹前摟抱（圖2－94 雙輪挽抱）。

【要　點】

此式兩臂運動成雙環，以脊椎為樞紐，身手與步，務須一致。內抱時尤須用腰力，以腰帶動肩背，可促進血液循環，更可強健腎臟。

圖2－91 插襠靠肩　圖2－92 倒海翻江　圖2－93 左右揚鞭

【歌　訣】

抱虎單來貫耳雙，舉手橫上打太陽。

揚鞭左右人難及，雖然聖手亦難防。

退步進身膀須橫，摟打左右自相生。

雙環護體攻防技，翻身下按敵襠中。

橫掌此勢最為強，抱虎全憑膊力長。

推出跟勁君須記，後足蹬踢敵命亡。

二十八、肘底捶

1. 開步自然站立，身左轉。兩臂向左擺攔，左手握拳上提，右手掌外挽握拳，拳眼向上；繼左手以拳心向上，順己右臂屈肘向前挫壓。同時，左足前進一步，足跟著地踏實，足尖上翹，兩腿屈膝下蹲（圖2-95 葉下藏花）。

【要　點】

此式右臂作一半圓弧，左臂作一立圓弧，出拳時聳身

圖2-94 雙輪挽抱

圖2-95 葉下藏花

向前,肩鬆肘垂,勿稍停滯,尤須注意三合,即肩與胯合,肘與膝合,手與足合。以運動肩肘腕膝各關節為主,兩胸部一開一合,練習深呼吸尤宜。

【歌　訣】

葉底藏花暗藏凶,上驚中挫下足攻。

太極擒拿環中妙,研肘挫骨任施行。

二十九、海底針

1. 開步自然站立,右手摟按。左足前進一步,足跟著地。同時,左手掌前伸指刺,掌心向右,至盡處指尖向下切腕點刺。兩腿屈膝伏身下蹲。左手掌指尖近貼左足尖(圖2-96 判官勾筆)。

2. 接著左掌擦地畫立圓回撤,上提至左肋處,掌心貼於左肋。身聳起,左足尖點地成左虛步。同時,以右掌向前直伸指刺,掌心向左,至盡處切腕向下直插腹襠,指尖向下。兩腿屈膝坐身蓄勢(圖2-97 峨眉刺點)。

圖2-96 判官勾筆　　　　圖2-97 峨眉刺點

【要　點】

此式須注意運點刺之勁於指端，頭正而不低俯，身坐而不傾曲，可練習脊椎與膝之伸縮力。

【歌　訣】

右手摟按與推託，貼身點刺指如鐵。

直刺咽喉與中脘，忽下海底勢無偏。

若逢敵手擒拿下，擦地回撤劃立圓。

蹲勢束身能蓄勁，箭出弦關指見紅。

三十、扇通臂

1. 開步自然站立，左足前移半步，足尖點地成左虛步。左手掌護於胸心前，掌心向右，指尖向上；右手掌下插於腹前，指尖向下，掌心向左（圖2−98 起迎落摔）。

2. 接著左足前進一步，屈膝成左弓步。同時，右臂上舉，手背覆額；左掌向前直推，指尖向上，掌心吐力（圖2−99 升帆杵杆）。

圖2−98 起迎落摔　　　圖2−99 升帆杵杆

【要　點】

太極拳法，導引內勁之法，以意默運之。此式係使右臂通於左掌，並先將脊骨之力運於兩臂，而後再運於左掌。運勁時，左掌心吐力，與左肋骨相應，做向前之勢。發勁時，頭須頂勁，下頦內含。在運動方面，係練腿力及肩背之力。

【歌　訣】

前勢已伏此式根，右臂蓄提上挑勁。

左掌乘勢進前推，丁八弓箭看步踩。

貼身進步向襠間，類似猛虎出柵闌。

全憑脊力掌心注，才知腰勁非等閒。

三十一、雲　手

1. 開步自然站立，身微左轉。左手掌自左側上提至肩平，掌心向前；右手掌自右向左經腹前上提至左肩前，掌心向後（圖2－100 迎風擺柳）。

2. 接著左足裡扣，身右轉。兩臂隨身轉同時運行，左掌下落自左向右，經腹前過兩膝，掛提至右胯外側；右手掌自左上向右運過頭頂至頭右側外，掌心向下，手與肩平，肘下沉，兩掌心相應合抱。同時，右足後撒一步，身向右轉90°（圖2－101 雲團翻滾）。

3. 接著，左手掌上托，右手掌下落，兩手掌於身右側上下交叉運行，左手掌圓轉向上，繞過頭頂，運至頭左側外，掌心向下。同時，左足向後撒一步，身向左轉90°。左手與肩平，右手掌向左經腹前，過兩膝運行掛提至左胯

外，掌心向上，兩掌心相應合抱（圖2-102 旋風捲纏）。

4. 接著，與動作1運動相同（圖2-103 覆雲旋渦），往復練習三、五、七次為度，至末次做一手勾手引領，一手做弓步前推掌（圖2-104 單鞭打虎）。

圖2-100 迎風擺柳　　圖2-101 雲團翻滾　　圖2-102 旋風捲纏

圖2-103 覆雲旋渦

圖2-104 單鞭打虎

【要　點】

此式宜左右專練，探索精微，求得真訣。練時頭宜正直，胸宜稍含，兩腿微屈，足力上提，兩手運行與兩足橫挪，速度須勻稱一致。上身以腰輪轉，切忌搖頭擺臀，傾側偏頗。重練腰腎脊柱之旋轉、伸縮，養先天之本，能癒脾、胃、腸諸病。左右互練動作相同，唯方向相反。

【歌　訣】

提掛掤擷滾按推，全憑脊柱圓輪轉。

兩臂圓滾步橫行，足下換勁化萬端。

雲到敵人兩肘處，銅牆鐵柱一齊推。

功到腎腰虛實分，雲滾橫圓勢難防。

三十二、玉女穿梭

1. 開步自然站立，左足移擺。左手掌臂上挑屈肘附於左肩上。身微左轉，右足前移於左足前，足尖點地。同時，右手掌向左前上方格攔，掌心向內。兩腿屈膝作右虛步（圖2－105 蹬機織布）。

2. 接著右足撤回至左足後半步，左足跟提起，左足尖點地，成左虛步。同時，左手掌由左肩上經胸前向右肘外穿伸，右手掌撤收於左肘彎處，兩掌心均向內（圖2－106 推算穿梭）。

3. 接著左足前踏半步，屈左膝作左弓步。同時，左臂內旋滾擠，右手掌內旋前推。目視右掌（圖2－107 掤肘穿梭）。

4.接著身右轉，左足收於右足內側踏實，右足前移半

步，足尖點地成右虛步。同時，左手掌向右前上方攔摜，掌心向內（圖2-108纏繞盤紗）。

5. 接著右手掌向左肘下穿插，掌心向上，沿左臂外側上穿；同時，左臂收撤落肘，左手掌收至右肘彎處，兩掌心均向內（圖2-109移枝捌按）。

圖2-105 蹬機織布　　圖2-106 推算穿梭　　圖2-107 掤肘穿梭

圖2-108 纏繞盤紗　　　　圖2-109 移枝捌按

圖2-110 玉女穿梭

6. 接著右足前踏半步，屈膝作右弓步。同時，右臂內旋落肘滾擠，左臂內旋以左掌向前推擊。目視左掌（圖2-110玉女穿梭）。

【要　點】

此式擰轉身軀均以腰為主宰，足下虛丁換步與騰手穿掌，手步動作要一致，且輕靈活潑，虛實分明。練習此式有促進八脈通暢，調理脾胃之作用。

【歌　訣】

上盤右手用掤肘，左臂斜穿肘後齊。

進步伸腰發內勁，貼身滾擠莫相離。

接手轉身化進先，順他來勁手傍纏。

左纏右掤兼進步，梭要輕靈玉女穿。

雙捋敵臂採扣捌，如鷹搏兔要神速。

隨他抽撤忙進步，順手掤來捯手擊。

三十三、活步攬雀尾

1. 開步自然站立，身微左轉，虛右足。左手掌向右肩前推攔，右手臂向上提掤高與胸齊，掌心向內；左手附於右肱內側，掌心向外。

同時，右足前進一步，屈膝作右弓步勢。右臂屈肱垂

70

肘前擠，掌心向內，指尖向上，左手撫按右肱內側以助勢
（圖2－111 撬根擠擲），

2. 接著身左轉後坐成龍門步勢。同時，右臂腕內旋，
左腕臂外旋，致兩掌心相抱，兩手向左後方下将，左手将
至左胯外，掌心向上；右手将至腹前，掌心向下，右手略
高，左手略低（圖2－112 将前顧後）。

3. 接著身復右轉，兩掌合於胸前，左手在內，掌心向
外；右手在外，掌心向內，合勁向前擠出。同時，進身，
左足跟進至右足後，兩膝微屈，身中正（圖2－113 順勢進
擠）。

4. 接著右足前進一步，屈膝成右弓步。同時，兩掌腕
作軸分別向左右方旋擰至兩掌心向上，即兩手握拳，並以
左拳回撤於右肩前，拳心向上；右拳內旋擰轉前伸至盡
處，拳心向下時即以右拳腕外旋，擰裹擠掤（圖2－114 金
雞爭鬥）。

圖2－111 撬根擠擲　　　圖2－112 将前顧後　　　圖2－113 順勢進擠

5. 接著身後坐成龍門步勢。同時，右拳腕臂屈肱肘靠，肱挒至胸前，繼復作內外旋腕臂，並以左手掌按附於右腕內側助力。隨之身前移，左足跟進至右足後，兩腿微屈膝，身中正（圖2-115 機動螺旋）。

6. 接著身後坐，重心移於左足，右足虛著地成右虛步。同時，兩手變掌順勢下按前推。右足隨即前進一步成右弓步，俟兩掌前推至右膝時，即身後坐，右足裡扣成乘騎馬步。並以兩掌合力撐推於右前方（圖2-116 順水推舟）。

【要　點】

此式運動要步進身隨，身進步跟，上下相隨，身手務須一致。對腹腰肩背各部有康復保健作用。

【歌　訣】

掤擠按挒世間稀，移步貼身任君施。

掤勁乘龍欲上天，仰之彌高用不偏。

圖2-114 金雞爭鬥　　圖2-115 機動螺旋　　圖2-116 順水推舟

按勁從人坤柔順，因仍變遷移默化。

掤勁剛中含有柔，防前顧後往復遊。

擠勁柔中有剛堅，靜之則沖漠無朕。

知此四正方有隅，覺敏剛柔則互濟。

三十四、肘底看捶

1. 開步自然站立，身左轉，左足後卸步，右足虛點地，成右虛步。同時，左手掌向右肩前攔掤，右手掌由己左臂外向上提挑（圖2－117 烏龍汲水）。

2. 接著右足前進一步，隨即身前移，左足跟進至右足內側，即向左斜方前進一步，屈膝成左弓步。同時，左手掌向左斜方推出，指尖向上，掌心向右（圖2－118 青龍舞爪）。

3. 接著身後坐，左足尖上翹，足跟著點地面。同時，左掌在身前退畫平弧撤回至左肋前，指尖向上，大拇指貼

圖2－117 烏龍汲水

圖2－118 青龍舞爪

近胸肋。繼以左足外擺踏實，右足前移至左足內側前，足尖點地成右虛步。並以右手作拳向前摜擊，拳眼向下，高與眉齊（圖2－119 烏龍擺尾）。

4. 接著右足撤退一步，左足尖上翹，足跟點地，兩腿屈膝微蹲成左虛步。同時，右拳回撤於右腰側，左手掌向上推託，掌與肩平；隨即右拳向前直擊至左肘底下（圖2－120 烏龍入洞）。

【要　點】

此式用三角步法繞行，左臂身前畫一平圓，即畫立圓上托；右拳摜擊畫一半圓形，出拳聳身向前，勿稍停滯。鬆肩垂肘，神態自然。以運動肩肘腕膝腿各關節為主，而胸部一開一合，則練習深呼吸尤宜。

【歌　訣】

捶居肘下世人誇，好似葉底下藏花。

專向敵人胸肋擊，攔腰直打用不差。

圖2－119 烏龍擺尾　　　圖2－120 烏龍入洞

敵臂來時順勁抓，執腕反扣落平沙。

倘若右手有人執，肘腕相挫破擒拿。

研肘蹲身勢有名，挾住敵臂任施行。

擒拿是我環中妙，爾想逃脫萬不能。

三十五、野馬分鬃

1. 開步自然站立，身左轉。兩手掌身前合抱，如抱琵琶勢。隨即身向右擰轉，左足倒插右足後一步，兩腿交叉成疊步。

同時，兩手向右後採捋至腹前，即以左手掌扣按，釋右手掌向左肩前探掌（圖2－121 疊步插靠）。

2. 接著左足向左前方斜進一步，屈膝成左弓步。同時，左手掌斜向左上方，右手掌斜向右下方分展，兩掌心遙遙相對。身隨步左轉，目視左掌，如雁之展翼（圖2－122 進步掤擠）。

圖2－121 疊步插靠　　　圖2－122 進步掤擠

3. 接著左手腕裡旋纏繞順沿左肘、左肩，過背達右肩、右肘、右腕指，裡旋纏繞三次；至末次，兩肩及肘腕鬆沉，勁達兩手掌根，指端吐力（圖2－123 撕展抖擲）。

4. 接著左足外擺，身向左擰轉成交叉步，兩腿微屈。左手掌攔於右肩前，右手掌下插於左胯外，掌心相對，如抱物狀（圖2－124 折杆剪腕）。

圖2－123 撕展抖擲

5. 接著右足經左足內側向右前方斜進一步，屈膝成右弓步，身隨右轉。右肩前靠，右肘前擠，右手掌向右上方分展，左手掌向左下方分展，掌心遙遙相對（圖2－125 左右分披）。

圖2－124 折杆剪腕　　　　圖2－125 左右分披

6. 接著左式如同動作4、5，唯左右互易，方向相反。動作相同則用法亦相同，唯肢體左右互易，故省略二圖。

【要　點】

此式運動之樞紐，全在腰胯，撐身則合，進身則開，手步開合務須與腰胯一致。頭用頂勁，慎勿偏側。全身舒展，自然活潑，一收一放，一束一展，極陰陽變化之能事，而以步法身法致勝，重在運用肩臂之力擊敵。

全身內外交叉運動，是太極拳內外兼修之最尤宜勢法，更益健身養生之宜。

【歌　訣】

斜單鞭後此式連，右轉身來右手前。

蹲身疊步如捲浪，上驚下打不容防。

或分或合闖東西，左右分披擊胸前。

不似斜飛憑腕力，專將臂力脊間通。

肩打肘靠借腰力，折杆剪腕待撐身。

即引即擊得機勢，遷動四兩撥千斤。

三十六、掩手肱捶

1. 開步自然站立。兩手上提於胸前齊平，兩掌心均向下。兩腿微屈。兩肩鬆沉，垂肘，兩掌落按。接著卸右足，右轉身。左手向右下按化，右手自左臂上前伸；同時，兩手各向左右畫一平圓，左手至胸前按掌，掌心向下；右手至腰側握拳，向前上衝。右足隨即跟步於左足內側，足尖點地成虛丁步（圖2-126騰手衝擊）。

2. 接著右足向右斜進一步。並以右臂向右斜方滾擠，

撐轉至右上方；左手亦向左斜下方畫一斜圓，至左胯外側，掌心向下（圖2－127 閉門鎖閂）。

3. 接著兩臂各按原路線復畫一圈。同時，左足跟於右足內側，再向左前方進一步，兩腿微蹲成丁八馬步。再以左手向下摟至膝外，右拳從腰側向前下方肱臂沖抖，拳心向下（圖2－128 肱力抖捶）。

【要　點】

此式兩手臂畫圓，平立交錯，均以腰為軸轉引領勁。蓄勁於腰脊，磨研於兩肱，抖達於兩手。兩臂勁往前達於拳，兩腿勁往下達兩足，展腰發勁形成一身備五弓之勢。此式有暢通八脈之功效。

【歌　訣】

掩手肱臂滾肘化，挫鑽折撅把敵發。

上鑽下栽腰脊力，觸之崩抖掩手捶。

圖2－126 騰手衝擊

圖2－127 閉門鎖閂

圖2－128 肱力抖捶

三十七、手揮琵琶

1. 開步自然站立，兩足平行相距肩寬，正身懸頂。右拳向前上提，拳心向下，高至鼻準。左足前進半步，足跟著地，兩腿微蹲成左虛步（圖2－129 拳打腳踢）。

2. 接著左手掌向前上方托掌，掌心向上；右拳回撤變掌按於左臂肘彎處，掌心向下，兩手掌心相對合抱於左胸前。繼以身前移，左足踏實，腰略向左平轉。兩手合力向左揉揮即前推（圖2－130 手揮琵琶）。

3. 接著身復後坐，左足尖點地。兩手合力向右揉揮畫平圓，繼兩手合抱下按前推，兩掌心相對。同時，身前移，左足踏實。左手下壓，右手掌前探撲至盡處，手與肩平（圖2－131 揮手擊弦）。

【要　點】

此式重在揉推，或裡或外，平立橫順，兩手運動均為

圖2－129 拳打腳踢　　圖2－130 手揮琵琶　　圖2－131 揮手擊弦

圓形。要在能運用腰脊之力達於掌心，以增進迴旋揉化之勁。抱手式為太極拳之站椿勢，故當加以注意，腰脊之力不能達於掌心，即由此式求之。

【歌　訣】

雲托手抱一琵琶，折杆剪腕用不差。

虛實圓轉由我化，揮擊專會破擒拿。

上打玄關下打陰，中間便施虎掏心。

此種機關休洩漏，一著傷人禍不輕。

三十八、白蛇吐信

1. 開步自然站立，虛左足，身微左轉。左手提托於左腰側，右手向左肩前攔按；繼以左手掌心向上，從右手掌背上穿伸；同時，右手掌心向下按於左腋側。左足向前踏進半步，成左弓步勢（圖2-132 白蛇吞食）。

圖2-132 白蛇吞食

2. 接著左足裡扣，身右轉180°，右足尖點地成右虛步。同時，左掌平旋舉於頭頂上方，經面前、胸前下按至腹前，即向身後勾手摟撥（圖2-133 盤蛇翻身）。

3. 接著右足提起向前彈踢，高與腰平，即屈膝收足，提膝獨立。同時，右拳反背向膝外截擊（圖2-134 截砸膝打）。

4. 接著右足向前落步，左足前進一步，屈膝成左弓步。同時，右拳反背向前下撩擊，左手掌拍按右拳背腕上（圖2－135 托臂撩陰）。

5. 接著身後坐，兩腿下蹲成丁八馬步。同時，兩手掌向前後分展撐按，兩掌心均向下。目視左掌（圖2－136 蝙蝠落地）。

圖2－133 盤蛇翻身　　圖2－134 截砸膝打

圖2－135 托臂撩陰　　圖2－136 蝙蝠落地

【要 點】

此式當中刺喉、踢襠、撩襠皆為狠毒之招，貴在神速多變。發勁在腰脊，變化在神意。

正確鍛鍊此式，有益於神意之靈敏、精氣之束肋。太極之道，即性命雙修學也。

【歌 訣】

白蛇吐信神速快，一觸即變莫遲呆。

吐信傷喉格外凶，腳踢前陰蹬在胸。

遂以補手為其用，截砸膝打不留情。

游龍戲水捲巨浪，纏腕轉身背折靠。

撩拳指到襠間去，即變提手擊鼻梁。

虛實相生動靜間，太極拳內多變端。

三十九、雙下勢

1. 開步自然站立，虛右足，身向右轉。兩手掌由外向裡，合抱於右前方，右手在前，左手在後，手指向前，掌心相對（圖2－137 抱托拍擊）。

2. 接著左腿移步後卸屈膝下蹲，右腿隨之伸直伏地，成右仆步勢。同時，兩掌下切撤拉，落於右腿內側（圖2－138 平沙落雁）。

3. 接著聳身起立。兩手掌十字上舉，身右轉，右足後撤一步，屈膝下蹲；左腿隨之伸直伏地，成

圖2－137 抱托拍擊

左仆步勢。同時，兩手掌採握降撤於左腿內側。目視兩手
（圖2－139 立蛇伏地）。

【要　點】

此式運動身體下伏，有俯之彌深之意；聳身上擊，有
仰之彌高之意，取相對成偶。所謂有上即有下，有前即有
後，有左即有右，故統稱兩儀運動，即式不單純，以至於
偏。在勁名之為開合，亦曰往復。

練習此式有益於神經系統的陰陽交叉反應。

圖2－138 平沙落雁　　　　圖2－139 立蛇伏地

【歌　訣】

下勢號為立頭蛇，又如一蝶下尋花。

雙捋帶捌開半叉，後路窮時用不差。

四十、上步七星

1. 開步自然站立，左足前進一步屈膝成左弓步。同
時，兩手腕十字相搭，左手在內，右手在外，向胸前上
掤，繼向左右上方分展，掌指向上，掌心向外（圖2－140

十字變花）。

2. 接著兩掌各向左右下畫一橫圈於胸前，右手握拳上沖，左掌護於右肱肘內側。同時，右足前進一步，足跟著地，成右虛步（圖2-141 迎面通天）。

【要　點】

此式運動為進擊法，捋壓敵臂時敵多後撤，隨上步以左臂掤敵右臂，或搬壓、外摟。隨進步以拳上沖其頭部、頸部、胸部等，即謂當頭炮、通天炮。如敵手太高，則以左手挑開，以右反背捶擊敵面，即謂迎面捶、反背捶。

上擊敵為實，下以虛步蓄勁蓄意攻擊，可保身體的中正安舒。

【歌　訣】

撲地雞飛向半空，躬身挽臂拱北辰。

正隅互變任分展，蹲身磨道尋足蹤。

左臂撐圓掤帶捋，右捶撞上敵當心。

圖2-140 十字變花

圖2-141 迎面通天

貼胸抵頦彌高仰，反背奔擊敵迎面。

通天管教朝天望，迎面居然滿面青。

騰身上步七星捶，迎面通天勇上前。

四十一、退步跨虎

1. 開步自然站立。兩手掌腹前上下合抱，左手在上，右手在下，掌心相對。右足後退半步。同時，右手臂向右上方掤領，左手向左下方推切至左胯前（圖2-142 驚上取下）。

2. 接著右腿屈膝下蹲，左足跟回收，足尖點地，成左虛步。同時，右手向右下畫圈至腹前，掌心向上；左手向左上畫圈至頭部左前方，掌心向外；繼之左掌下按落，右掌上提托（兩掌於胸前交遇，左手在外，右手在內）至頭頂上方，翻掌外撐於頭右上方，左掌下按摟於左胯外側（圖2-143 順蔓摘瓜）。

圖2-142 驚上取下　　圖2-143 順蔓摘瓜

3. 接著右掌自右下落，掌心向外推於腹前；左掌內旋翻掌推於腹前，掌心向外，兩掌相近同時前推託（圖2－144 推磨滾碾）。

4. 接著提左足向左跨腿，左腿微屈提於身右前，右腿微屈獨立支撐全身平衡。同時，兩掌向左右分展伸探，兩掌心均向上，左掌高至腰平，右掌高至肩平。目視左下方（圖2－145 提踢跨虎）。

【要　點】

此式運動為退擊法。退步時全身重心移於右足，要能運用脊力達於兩臂。隨以右手採纏敵臂，向右上方引領，即以左掌擊敵小腹，可謂暗渡陳倉。太極拳內多變端，進退陰陽轉瞬間。

【歌　訣】

上驚下取隨機變，忽然退步撤身邊。

勢成跨虎身中正，步居龍門穩下盤。

圖2－144 推磨滾碾

圖2－145 提踢跨虎

右手採纏敵肘腕，左手直拍下丹田。

提膝跨虎勢更凶，分展雙臂擲敵身。

擊面虛招修棧道，反拍小腹渡陳倉。

拗手採纏人難防，順勁掤推敵便偏。

四十二、轉身擺蓮

1. 開步自然站立，左手掌置於腹前上方，掌心向下；右手掌置於腹前下方，掌心向上，兩掌心相對合抱。左足向右足前上步，足尖外擺，兩腿交叉，左腿屈膝，右腿伸直，身微左轉前斜。並以左手向左刁採，按捌下插，掌心斜向上；右掌前探直伸，掌心斜向上，兩掌成左下、右上分展勢（圖2－146 轉身掃擺）。

2. 接著兩臂屈肘回收，左掌在上，右掌在下，掌心相對抱於身前（圖2－147 懷中抱月）。

3. 接著身右轉一周。兩掌隨身右轉的同時，右掌由左

圖2－146 轉身掃擺　　　圖2－147 懷中抱月

肘外翻掌向右上方推擲，左手向右方推按。兩腿反擰交叉，身微蹲（圖2－148閉門推月）。

4.接著身後坐，重心移於左足，右足提起向右外擺踢，高與腰平。兩掌向左迎擺，拍擊右足背面（圖2－149風擺荷葉）。

【要　點】

此式運動儘量施展身法、步法之威力，否則不易使用。若身法、步法有相當成效，則左右逢源之愉快，出手制勝之把握，可謂招熟之能事，不求懂勁而勁自熟。

此式健身致用，非有強壯的身心、柔韌的肢體鍛鍊才能得心應手，學者宜篤行功。

【歌　訣】

擺蓮橫腿最為精，此處還添一轉身。

平圓掃去英雄倒，轉後撲擊神鬼驚。

連環直打勢更雄，雙採左臂敵前傾。

圖2－148 閉門推月　　　圖2－149 風擺荷葉

右轉身來急起步，擺蓮橫腿見奇功。

四十三、彎弓射虎

1. 開步自然站立。兩手臂上提合抱於身前，左手在前，掌心向上；右手在後，掌心向下。右足提起前踩，如川字踩腿樁勢（圖2－150 川字踩擊）。

2. 接著右足向右前落地，屈膝成右弓步。同時，兩手下落至腹前，右手作拳向右繞舉至右額上方，向左衝擊，拳心向外，左手作掌向左前推擊（圖2－151 武松打虎）。

【要　點】

此式運動全恃身法，即所謂腰勁。太極拳在運用內勁時，是以身領手步，而非身隨手步；以至於推手論勁，更重身法。故尤重身法，勿徒手舞足蹈。

【歌　訣】

彎弓射虎前後擊，肘尖後頂拳前擊。

圖2－150 川字踩擊

圖2－151 武松打虎

右臂有人雙手擒，用來此勢似彎弓。

畫圈上轉當頭炮，不怕他人不放鬆。

貼著他身順勁走，後撤上轉敵鬆手。

沾黏連隨勁不斷，兩拳雙撞擊敵頭。

得勢全憑一轉圈，屈伸開合變無窮。

太陽穴上用拳沖，任他鐵漢也膽驚。

從人捨己多捷徑，柔化剛制把身安。

四十四、童子拜佛

1. 開步自然站立。兩手臂上提至胸齊，掌心均向下。繼以肩鬆肘垂，屈膝微蹲，坐身落按至腰平。兩手握拳外旋抱於腰兩側，拳心均向上（圖2－152 順手關門）。

2. 接著左足前邁一步，屈膝作左弓步。同時，左拳作掌，隨進步向前直推出，掌心向右，指尖向上；右拳變掌，由腰側前伸於左腕下，兩腕十字交叉。隨即身右轉90°，兩手隨轉身合掌上舉至頭上方（圖2－153 搖身抖尾）。

3. 接著兩腿屈膝下蹲成馬步。兩掌隨之合掌下落至胸前（圖2－154 拱掌拜佛）。

4. 接著兩手掌左右平推分展，兩掌心均斜向外（圖2－155 雄鷹展翅）。

【要　點】

此式運動要綿密不斷，上肢、下肢、腰脊都要用掤意領勁。喻是承龍上天，有乾三強之象。兩手合十蹲勢，務須鬆肩垂肘，鬆腰塌胯，開襠扣膝，氣沉丹田，有坤三斷

之象。左右分展有似離坎。有心平氣和、身正心舒之感，
可頤養天年。

【歌　訣】

敵從背後抱身手，兩臂上掤身滾抖。

臀尾打人不見形，金蟬脫殼敵翻滾。

圖2－152 順手關門　　　圖2－153 搖身抖尾

圖2－154 拱掌拜佛　　　圖2－155 雄鷹展翅

童子拜佛身形正，動分靜合轉乾坤。

左右分展兩相平，一分德行一分功。

四十五、卸步搬攔捶

1. 開步自然站立。兩手掌心相對合抱於腹前，左手在上，右手在下。隨即右足收於左足內側，足尖點地成丁虛步。即以右手前提下落握拳，拳心向下，左手掌前移按於下腹前（圖2-156 合腕雙扣）。

2. 接著右足向右卸一步，身右轉擰腰。右拳隨之旋擰至拳心向上，仍貼腹腰部。同時，左足前進一步，足尖點地，作左虛步。左手掌隨之向右攔搬（圖2-157 滾腕撲面）。

3. 接著左足前踏半步，屈膝前弓成左弓步。同時，左掌翻掌向外搬扣，掌心斜向下，右拳即向左掌前衝擊，左掌附於右肘處（圖2-158 搬攔連捶）。

圖2-156 合腕雙扣　　圖2-157 滾腕撲面　　圖2-158 搬攔連捶

【要　點】

此式練時，須含胸鬆肩，腰身手足動作均須一致，尤以搬勁明顯，而攔勁暗藏。擊捶時務須正身正胯，用脊骨力，重在肩背。其目的在促進此處各筋肉及肩胛關節運動靈活。

另外，上體左右旋轉尤重腰力，可使脊柱旋屈自由，以保正脊柱，而促進消化、循環、排泄等作用。

【歌　訣】

搬身壓腕掌齊眉，敵手忽來圈內推。
卸步合腕雙抨扣，引敵頭來敬一捶。
卸步原與退不同，專引敵勁向斜傾。
搬攔更不分左右，捶後還添一掌凶。
相傳共有七搬攔，當中直去在中脘。
左右斜開主肋下，上打咽喉下丹田。

四十六、收勢合太極

1. 開步自然站立。兩手掌心相對合抱於腹前（左手在上，右手在下），右手掌上提於胸前，掌心向內。同時左足前進半步，足尖點地，作左虛步（圖2－159 動分靜合）。

圖2－159 動分靜合

2. 接著左掌自右腕臂下前伸，右手掌翻掌從左掌上後撤於左掌右側，掌心翻向下。繼身後坐，兩掌隨之下按至腹前。即身前移，兩掌隨之前推。同時，左足踏實成左弓步。兩掌心吐勁。默吐呼聲（圖2－160 外翻前推）。

3. 接著右掌外翻至掌心向上，穿插於左腕下，搭成十字手狀，左足跟提起作左虛步。右手掌即從左掌外向右上方採領；同時，左掌向左下方橫掌推按。左足跟隨，即外碾成騎馬步。默吐啊聲（圖2－161 黑風斬肋）。

4. 接著身右擰轉，右腿屈膝下蹲，重心移於右足。右手隨之向右下捋按。身復左移，兩腿屈膝下蹲成馬步勢。同時，兩手摟抱於膝下。默吐吹聲（圖2－162 海底撈月）。

5. 接著聳身起立，右足向裡收靠半步，至兩足距與肩寬等。兩手掌隨身起上托至胸膈，兩掌心向上，十指相對。默吐哂聲（圖2－163 捧盤獻茶）。

圖2－160 外翻前推　　　圖2－161 黑風斬肋　　　圖2－162 海底撈月

6. 接著兩臂內旋，兩手掌內翻至掌心向下，落按於下丹田。默吐噓聲（圖2－164 順手牽羊）。

7. 接著兩手掌向外撥開，繼兩掌旋轉至掌心向內，指尖向下，兩臂自然下垂。左足向右足靠攏成立正勢。默吐嘻聲，合太極還原（圖2－165 收合太極）。

【要　點】

此式運動重在調和周身陰陽合太極，按圖大勢，納氣吐聲。默聲六字合太極，有調合周身陰陽平衡，疏通氣血之作用。

【歌　訣】

太極無始更無終，動靜虛實總相同。

走即黏來黏即走，攻變守來守變攻。

知己知彼真英雄，熟招熟勁見神明。

任他強敵多機變，焉能逃出此圈中。

巧妙柔滑何處找，陰陽相濟轉化靈。

圖2－163 捧盤獻茶　　圖2－164 順手牽羊　　圖2－165 收合太極

動分靜合太極理，納氣入海吐開聲。

太極拳作用健身、致用、修養三者，健身為志，其功最小；修養以至於道，其旨最高；唯致用為中，既健身又可應用，並由此達於修養，進於道，頤養天年。

第三章

太極拳散手應用法

第一節　應用散手圖勢名稱

一、預備勢

1.虎視眈眈（圖2-1）　　2.驚鳥起飛（圖2-2）

二、起　勢

1.天王托塔（圖2-3）　　2.攜帶提袍（圖2-4）

三、兩　儀

1.獅子張口（圖2-5）　　2.獅子撕食（圖2-6）

3.倚蹬攀枝（圖2-7）　　4.攀枝摘果（圖2-8）

四、攬雀尾

1.托樑換柱（圖2-9）　　2.巧女紉針（圖2-10）

3.燕子串技（圖2-11）　　4.乘龍上天（圖2-12）

5.滑坡塌方（圖2-13）　　6.龍蛙鼓鰓（圖2-14）

7.金蛇纏枝（圖2-15）　　8.坐步抒攬（圖2-16）

3. 落葉歸根（圖2－36）　　4. 海底炸雷（圖2－37）

十二、撇身捶

1. 犀牛望月（圖2－38）　　2. 扣腕採挒（圖2－39）
3. 撲面紅花（圖2－40）

十三、踢　腳

1. 披身探花（圖2－41）　　2. 分擲踢腳（圖2－42）
3. 上驚下踢（圖2－43）

十四、轉身大挒

1. 採挒掃踢（圖2－44）　　2. 挒按提攔（圖2－45）
3. 鷹盤搏兔（圖2－46）

十五、左右打虎

1. 螳螂捕食（圖2－47）　　2. 搬打相隨（圖2－48）
3. 落地通天（圖2－49）

十六、白猿獻果

1. 閃身獻果（圖2－50）　　2. 躬身獻果（圖2－51）
3. 捧托獻果（圖2－52）

十七、蹬　腳

1. 鎖臂取瞳（圖2－53）　　2. 開臂蹬胸（圖2－54）

十八、雙峰貫耳

1. 摟貫連環（圖2-55）　　2. 老漢推車（圖2-56）
3. 雙峰摜耳（圖2-57）

十九、金雞獨立

1. 雄雞撒翅（圖2-58）　　2. 金雞鳴晨（圖2-59）
3. 金雞上架（圖2-60）　　4. 蟄龍升天（圖2-61）

二十、倒攆猴

1. 三擊齊發（圖2-62）　　2. 倒步捲肱（圖2-63）
3. 捋按捲折（圖2-64）　　4. 引弓射雕（圖2-65）

二十一、斜　飛

1. 掤捋橫挒（圖2-66）　　2. 烏龍絞柱（圖2-67）
3. 斜身飛挒（圖2-68）　　4. 黏切連擊（圖2-69）
5. 斜身雙鞭（圖2-70）

二十二、旋肘搬靠

1. 屈肱旋肘（圖2-71）　　2. 懷抱琵琶（圖2-72）
3. 貼身靠打（圖2-73）

二十三、白鶴亮翅

1. 嬰兒吃奶（圖2-74）　　2. 攖捉其鋒（圖2-75）
3. 順肩襯肘（圖2-76）　　4. 龍鍘斬首（圖2-77）

二十四、摟膝拗步

1. 降龍伏虎（圖2−78）　　2. 捉蛇擒首（圖2−79）
3. 青蛇伏草（圖2−80）　　4. 黑虎掏心（圖2−81）
5. 提腕壓肩（圖2−82）　　6. 坐步按掌（圖2−83）
7. 平地旋風（圖2−84）

二十五、如封似閉

1. 纏手推擊（圖2−85）　　2. 封手擊拳（圖2−86）
3. 閉門推月（圖2−87）

二十六、十字手

1. 上十字封（圖2−88）　　2. 開合十字（圖2−89）
3. 下十字變（圖2−90）

二十七、抱虎歸山

1. 插襠靠肩（圖2−91）　　2. 倒海翻江（圖2−92）
3. 左右揚鞭（圖2−93）　　4. 雙輪挽抱（圖2−94）

二十八、肘底捶

葉下藏花（圖2−95）

二十九、海底針

1. 判官勾筆（圖2−96）　　2. 峨眉刺點（圖2−97）

三十、扇通臂

1. 起迎落摔（圖2－98）　　2. 升帆杵杆（圖2－99）

三十一、雲　手

1. 迎風擺柳（圖2－100）　　2. 雲團翻滾（圖2－101）
3. 旋風捲纏（圖2－102）　　4. 覆雲旋渦（圖2－103）
5. 單鞭打虎（圖2－104）

三十二、玉女穿梭

1. 蹬機織布（圖2－105）　　2. 推算穿梭（圖2－106）
3. 搠肘穿梭（圖2－107）　　4. 纏繞盤紗（圖2－108）
5. 移枝捋按（圖2－109）　　6. 玉女穿梭（圖2－110）

三十三、活步攬雀尾

1. 撬根擠擲（圖2－111）　　2. 捋前顧後（圖2－112）
3. 順勢進擠（圖2－113）　　4. 金雞爭鬥（圖2－114）
5. 機動螺旋（圖2－115）　　6. 順水推舟（圖2－116）

三十四、肘底看捶

1. 烏龍汲水（圖2－117）　　2. 青龍舞爪（圖2－118）
3. 烏龍擺尾（圖2－119）　　4. 烏龍入洞（圖2－120）

三十五、野馬分鬃

1. 疊步插靠（圖2－121）　　2. 進步搠擠（圖2－122）

3. 撕展抖擲（圖2－123）　　4. 折杆剪腕（圖2－124）

5. 左右分披（圖2－125）

三十六、掩手肱捶

1. 騰手沖擊（圖2－126）　　2. 閉門鎖閂（圖2－127）

3. 肱力抖捶（圖2－128）

三十七、手揮琵琶

1. 拳打腳踢（圖2－129）　　2. 手揮琵琶（圖2－130）

3. 揮手擊弦（圖2－131）

三十八、白蛇吐信

1. 白蛇吞食（圖2－132）　　2. 盤蛇翻身（圖2－133）

3. 截砸膝打（圖2－134）　　4. 托臂撩陰（圖2－135）

5. 蝙蝠落地（圖2－136）

三十九、雙下勢

1. 抱托拍擊（圖2－137）　　2. 平沙落雁（圖2－138）

3. 立蛇伏地（圖2－139）

四十、上步七星

1. 十字變花（圖2－140）　　2. 迎面通天（圖2－141）

四十一、退步跨虎

1. 驚上取下（圖2－142）　　2. 順蔓摘瓜（圖2－143）

3. 推磨滾碾（圖2－144）　　4. 提踢跨虎（圖2－145）

四十二、轉身擺蓮

1. 轉身掃擺（圖2－146）　　2. 懷中抱月（圖2－147）

3. 閉門推月（圖2－148）　　4. 風擺荷葉（圖2－149）

四十三、彎弓射虎

1. 川字踩擊（圖2－150）　　2. 武松打虎（圖2－151）

四十四、童子拜佛

1. 順手關門（圖2－152）　　2. 搖身抖尾（圖2－153）

3. 拱掌拜佛（圖2－154）　　4. 雄鷹展翅（圖2－155）

四十五、卸步搬攔捶

1. 合腕雙扣（圖2－156）　　2. 滾腕撲面（圖2－157）

3. 搬攔連捶（圖2－158）

四十六、收勢合太極

1. 動分靜合（圖2－159）　　2. 外翻前推（圖2－160）

3. 黑風斬肋（圖2－161）　　4. 海底撈月（圖2－162）

5. 捧盤獻茶（圖2－163）　　6. 順手牽羊（圖2－164）

7. 收合太極（圖2－165）

招勁之手法名稱為：

沾黏、聽勁、懂勁、走勁、化勁、引勁、拿勁、發

勁、提勁、截勁、長勁、鑽勁、擲勁、開勁、合勁、掤勁、捋勁、擠勁、按勁、採勁、捌勁、肘勁、靠勁、借勁、沉勁、挫勁、撅勁、驚彈、抖擻、凌空。

太極拳法，法於陰陽，和於術數，其應用散手變化無窮，但古今傳授太極拳法，招式均有基數，散手用法亦有定數，以利教學程式所用。

太極散手法應用傳為360手，包括勢法散手應用為165手，左右共為330手，另有招勁手法30手，合成360手。若能知之用之皆熟，斯為全才。

第二節　散手圖勢應用解析

一、預備勢

1. 虎視眈眈

全身保持常態自然站立，當對方兩掌抓按我兩肩膀時，我即以兩肩膀畫立圓，柔化敵力；隨以目光嚴定，絞定丹田氣，用內勁震擊對方兩掌，迫對方遠退（圖3－1）。

2. 驚鳥起飛

設敵兩手擒我兩腕，我隨即開步站立，兩手下垂，塌腰收尾，兩掌指尖用勁意向前上

圖3－1

圖3-2

挺，並坐腕提頂敵手腕臂，擊敵跌退（圖3-2）。

二、起 勢

1. 天王托塔

設敵用兩手擒我兩大臂，我即以兩手掌上托敵兩肘關節處，收腹吐氣，托折敵兩臂，使其傷痛跌退（圖3-3）。

2. 攜帶提袍

設我托折敵兩臂肘，敵若放手內繞外走時，我隨敵勁勢，兩腕內旋至兩掌心向下，順按敵兩臂至達兩腕，繼向外開撥，並以兩腕外旋至掌心向上，即擒敵兩腕上托，採挒敵腕臂反折（圖3-4）。

圖3-3

圖3-4

三、兩 儀

1. 獅子張口

設敵右拳當胸擊來，
我即以右手臂搭外掤接敵
拳腕；隨之按化敵勁，致
敵前傾（圖3－5）。

繼之我右足虛步，右
手掌抒按敵右腕，左手掌
推按敵右肘處，致敵前傾

圖3－5

失重；同時，右足可隨勢前踢拌敵腿（圖3－6）。

2. 獅子撕食

設敵右拳當胸擊來，我以兩手雙合掤接敵腕臂，繼以
按化敵勁。敵若前傾擠靠，我即釋左手提擊敵面鼻（圖
3－7）。

圖3－6

圖3－7

107

敵若以左手抵攔，我即以左手将敵左腕回撤，引敵左臂伸直，右手掌上托敵左肘處；同時，右足進步前踏，兩手合力向前折推，致敵臂傷身跌（圖3-8）。

3. 倚蹬攀枝

設敵右拳當頭擊來，我即以右手掌向左上橫攔，用掤捋勁搭接敵右腕臂；繼以轉身，左足回撤拌掛敵腿，足尖點地作左虛步，以備攻擊敵用（圖3-9）。

4. 攀枝摘果

設敵以右拳當頭擊來，我即以右手掌搬攔敵右腕，並下按右提擒；同時，左足進步前踏，作丁八馬步，以肩擠靠擊敵（圖3-10）。

或以左手掌上托敵右肘處，兩手合力向右畫平圓，轉畫立圓前推敵臂（圖3-11）。

圖3-8　　　　　　　　圖3-9

圖3-10

圖3-11

四、攬雀尾

1. 托樑換柱

設敵右拳當頭擊來，我即移扣左足，身向右轉，左手向右上方攔搬，擒推敵右肘腕；同時，用右足勾踢敵左腿膝臁（圖3-12）。

2. 巧女紉針

設敵右拳當胸擊來，我即用左手向右攔搬，推敵右肘或腕臂，並以右手掌心向上，向敵右腋肋穿插或拳擊（圖3-13）。

圖3-12

109

3. 燕子串技

接上招，右手掌沿敵右臂外向上掤挑，左手回撤至己懷前右肘處，兩掌心相對，掤捌敵右臂（圖3-14）。

繼以右手掌翻掌滾按敵右肩，左手上推敵右腋，掤擠敵身（圖3-15）。

4. 乘龍上天

接上招，右足向前踏進半步；同時，兩臂滾翻至掌心向下，即鬆肩沉肘落臂向前掤擠，即為掤擠勢（圖3-16）。

5. 滑坡塌方

設以左手搭敵左腕，右手将敵左臂，身後坐，屈左膝，腰左轉，右足虛，左足實，身體重心偏移左足，並以兩手向我左後方将敵左臂；兩手将至腹前時，即腰復右轉，身體重心前移於右足，左足即虛。此為将勢（圖3-17）。

圖3-13

圖3-14

6. 龍蛙鼓鰓

接著即以右臂屈肘橫於胸前，掌心向內，左手掌按於右手腕根，合力向前擠出。

待兩手擠至右足齊時，即身後坐，成丁馬步撐擠發勁。此為擠勢（圖3－18）。

圖3－15　　　　　　　　　圖3－16

圖3－17　　　　　　　　　圖3－18

7. 金蛇纏枝

設我橫右臂兩手擠敵時，敵用兩手按我右臂，我即兩掌旋擰至兩掌心向上，左手採擒敵左手作拳，右手採擒敵右手作拳，左手回撤至右肩前，右手擒拳向裡旋擰前伸，至敵左腋下裹肘捌敵兩肩。此勢以採捌肘靠四法兼用（圖3－19）。

8. 坐步捋攬

接著身後坐，屈左膝成丁八馬步，右臂擰裹向懷內肱捋肘靠至右肩前（圖3－20）。此勢包含多種勁法用法，靈變至捷。

9. 順肩催手

接上勢，我兩手變掌按敵左臂，畫圓捋按於腹前，並下按前推；同時，屈右腿前弓，繼之身後坐，右足尖裡扣，變步發勁。此為按勢（圖3－21）。

圖3－19　　　　　　　圖3－20

五、左顧右盼

1. 佛坐蓮池

設敵用左掌當胸推撲，我即以兩手雙合按化敵左臂，腰輪向左平轉，並以左手下按，右手前推，致敵傾跌（圖3－22）。

若腰輪平轉至極，敵進步未跌，我即搾身擰成疊步，以右拳下栽擊敵，或挫敵左肘處，伸手制敵（圖3－23）。

圖3－21

圖3－22　　　　　　　圖3－23

2. 織女紡花

腰輪向左平轉至盡處，復向右平轉，並蹲身下勢，兩手雙合下按敵臂，至盡處合力推擲（圖3－24）。

六、提 手

1. 左右跨欄

設敵用右掌當胸推撲，我即以左足移步，身右轉，並以左手向右攔搬敵右肘，右手提掤敵右腕，兩掌心相對合擒敵右臂，向右畫平圓蹲勢下按，隨聳身釋左手提擊敵面鼻（圖3－25）。

2. 探海擒龍

設敵用右掌當胸推撲，我即以左手掤推敵右臂，以右手掌下插敵腹襠（圖3－26）。

3. 五龍升天

設我右手掌下插敵腹，敵若用左手抵防，即以左手下

圖3－24　　　　　　　圖3－25

按敵左臂，用右手提擊敵頰面（圖3－27）。

　　設我左手下按敵左臂，右手復按己左腕，兩手合力向下沉打，將敵打坐在地，即為提手下式（圖3－28）。

圖3－26

圖3－27

圖3－28

圖3-29

七、單　鞭

1. 迎手剪枝

設敵用左拳順勢擊我右肩頭，我即虛右足移步身右轉，上提右手搧搭敵左腕，並旋腕鈎刁敵左腕，向右後刁捋敵腕臂；同時，左足虛提移至右足左側，提左手以掌腕臂剪切敵左腕臂（圖3-29）。

2. 揚掌劈門

接著我右手外推，左手內搬，折撅敵左臂。敵若抵逃左臂，我即以左掌鞭擊敵面胸處，並弓左腿前推按擲單鞭擊敵（圖3-30）。

敵若用右手抵攔，我即以左手刁捋敵右腕，向左後甩擲敵右臂；同時，上右足作馬步，以右手掌鞭擊敵面胸，即為雙鞭勢（圖3-31）。

【歌　曰】

左顧右盼迎頭擊，進退從人莫相違。

八、高探馬

1. 誘耳進肋

設我以左手提擊敵左耳面，誘敵左手抵攔，我即以左手採捋敵左腕衝擊敵面，並以右拳衝擊敵左肋（圖3-

32）。

2. 捋撲連環

設敵用左手抵攔時，我即以左手捋敵左腕下捋擰捌；同時，用左足鉤踢敵左腿，右手掌推敵左肩頭（圖3－33）。

圖3－30　　　　　　　　　　圖3－31

圖3－32　　　　　　　　　　圖3－33

或用左手将敵左腕下将採，以右手掌撲擊敵頭面，左右連環擊打（圖3－34）。

3. 掖肘擺沖

設将敵左腕，以右掌撲擊敵面鼻，敵用右手執我右腕，我即隨其勁蹲身勢，扣壓敵腕，以右肘夾敵左臂，釋左拳沖擊敵頭胸（圖3－35）。

或敵右手執我右腕時，我左足移步踏實，以右掌腕鈎旋翻掌撲面鎖喉刺敵（圖3－36）。

九、分 腳

1. 蹲猿抱食

設敵用左拳進擊我胸，我以雙合手撤步将擒敵左臂，致敵前傾，即釋兩手分擲敵臂，起右足踢敵腹褙（圖3－37）。

設敵左拳進擊，我以雙合手将採敵左臂，釋右手提擊

圖3－34　　　圖3－35　　　圖3－36

敵面。敵若用右手抵防，我即以右手採捋敵右腕向右領捋，左手上提前推，十字捆擒敵臂，做蹲身右虛丁步勢（圖3－38）。

2. 順風揚場

設捋捆敵兩臂，敵若抗爭，我即聳身起立，兩手向上拋擲敵臂，並起右足踢敵頭胸（圖3－39）。

圖3－37　　　　　　圖3－38

圖3－39

十、推窗望月

1. 捋手撲面

設敵用右拳當胸打來，我即以雙合手捋採敵右臂向右下捋按；同時，釋左手掌撲擊敵面，並縮身下蹲（圖3-40）。

2. 提踢跨馬

設以右捋手左撲面掌擊敵，敵若用左手抵防，我即以左手向左下採捋敵左腕；同時，起左足鉤掛踢敵右腿，並以右掌推擊敵左肩頭（圖3-41）。

3. 麻花纏絞

設敵用左拳當胸擊來，我即以雙合手捋敵左腕下按，以右手掌提擊敵面。敵若以右手抵防，我即用右手採捋敵右腕下捋左推，左手採敵左腕上提右推，兩手合抱懷內，右轉身倒敵（圖3-42）。

圖3-40　　　　　圖3-41

4. 開窗掛鉤

設敵用左拳當胸擊來，我即以雙合手掤按敵臂，釋右手提擊敵面。敵用右手抵防，我即以右手採捋敵右腕，向右上提捌，提左手推敵胸膛；同時，右足前踏，足跟著地，勾足尖以絆敵腿（圖3－43）。

圖3－42

圖3－43

十一、進步栽捶

1. 引火焚身

設敵用左拳當胸擊來，我即向左轉身，兩手向左捋按柔化敵力，繼之復向右轉身，以兩手合力撐擠敵身，並進步抖勁（圖3－44）。

圖3－44

圖3-45

2. 移枝接木

設敵左拳當胸打來，我即雙合手掤搭敵左手臂柔化敵勁，繼以右手向上挑掤敵左臂，向右下捋按敵臂至腹前，移左手搬扣敵左臂，騰右手握拳向敵面鼻衝擊（圖3-45）。

3. 落葉歸根

設我用右拳上沖敵面，敵用右手擒握我右腕，我即以右腕臂內旋滾翻掤擠採捋敵右腕，向右撤壓，左手擒敵腕臂上提，釋左手搬扣敵右臂，釋右手按己左腕臂，兩手合力擠擲敵身（圖3-46）。

或左手搬扣敵右臂，釋右手作拳前擊敵胸心處（圖3-47）。

4. 海底炸雷

設我右拳上沖敵面，敵用右手抵防，我即以左手擒敵

圖3-46

圖3-47

左腕上提架攔敵右臂，以右拳向前栽擊敵腹襠（圖3－48）。

圖3－48

十二、撇身捶

1. 犀牛望月

設我右腕被敵左手執握，我即以左掌沿順右臂下推切敵腕；同時，回身屈右臂抱肘頂擊，即可解脫右腕，反擒敵腕（圖3－49）。

設我右腕被敵右手執握，並上步扣我右腿，用左撲面掌擊來，我即移右足於敵左腿外，以右手下纏腕，反擒敵右腕，並以右手上提敵右腕臂右将，向己右腿外下按推擊（圖3－50）。

圖3－49

圖3－50

2. 扣腕採挒

設敵右手執握我右手腕，我即以左手扣按敵右手背，撤身移步壓腕，並以右拳反背折疊，破敵擒拿（圖3－51）。

3. 撲面紅花

設我破敵擒拿反擒敵腕，即以左手掌向敵面鼻撲擊（圖3－52）。

十三、踢　腳

1. 披身探花

設敵用左掌當胸推擊，我即以左手掌提捌敵左腕，撤左步向左後柔化敵勁，並做平圓前推敵腕，左足隨之進一步作左弓步；同時，右掌向前探伸，刺擊敵脖或鎖喉（圖3－53）。

圖3－51　　　　　　　圖3－52

設我探掌擊敵，敵若用右手抵防，我即以右手採挒敵腕回撤扣壓，並以左手擒敵左腕臂，上架敵右臂，做十字折撅敵臂（圖3－54）。

圖3－53　　　　　　　圖3－54

2. 分挒踢腳

設我右手探擊敵面，敵若用右手抵防，我以左手移挒敵右臂由上向左後化挒，右手移採敵左腕由下向前上提挑，致敵兩臂分展，即起右足踢敵胸腹（圖3－55）。

3. 上驚下踢

設我兩臂分展右腕反被敵擒，我即擰腰右轉體，以

圖3－55

圖3-56

右臂屈肘回撤反背掌復擊敵面，左掌隨腰擰轉掄臂覆蓋擊敵頭頂，誘敵上防，即以右足下踢敵膝臁（圖3-56）。

十四、轉身大将

1. 採将掃踢

設敵用右拳當胸打來，我即虛右足披身，以雙合手掤将敵右腕臂，右将外推，起右足向前踢絆敵腿（圖3-57）。

接著右足向右後撤一步成馬步；同時，兩手向右下将敵右臂，致敵身前傾，即釋雙手合掌雙推敵肩（圖3-58）。

圖3-57   圖3-58

或雙捋敵右臂向右外
捋，復移右足反方向向左
掤擲推按敵右臂，並起左
足踢絆敵腿（圖3－59）。

2. 捋按提摜

設敵用右拳當胸打
來，我即披身雙合手捋按
敵右腕臂；同時，右足向
右後撤一大步做龍門步，
隨之聳身釋左手提擊敵左
耳臉（圖3－60）。

圖3－59

3. 鷹盤搏兔

設我左手提擊敵左耳，敵若以左手抵防，我即以左手
採捋敵左腕，向左下捋，右手捋敵右腕上提；同時，左
足向左後倒插一步，體左轉180°，並兩手推按敵肩臂（圖
3－61）。

圖3－60　　　　　　　　圖3－61

127

{}

{}太極拳散手闡微

或左手捋敵左腕回撤；同時，撤退左足左轉身，以我右肩靠折敵左臂（圖3－62）。

十五、左右打虎

1. 螳螂捕食

設敵用雙手當胸推撲，我即含胸身後移步，並以兩手左右下按敵左右腕，向腰後採引，隨之向外左右畫橫圈，採擒敵手腕合按於腹前，捌撅敵臂（圖3－63）。

2. 搬打相隨

設敵用雙手全力直撲我身，我即右步後卸閃身，以左手搬扣敵右臂，以右拳沖擊敵頭。敵若用左手搬按，我即順其勁以右手纏採下扣敵左腕，按於右臂上，騰左拳擊敵頭額（圖3－64）。

圖3－62

圖3－63

3. 落地通天

設敵用雙手當胸撲
來，我即含胸身後卸步，
右轉身以雙合手採捋敵右
臂捋按，引敵落空，釋右
手上沖拳擊敵頭（圖3－
65）。

設敵用雙手直撲而
來，我即以右臂掤接敵
手。被敵雙手擒握我右
臂，我即以右臂上轉回

圖3－64

撤，並以左手穿插肋下，採握敵右腕，騰右手以拳迎頭驟
擊敵頭（圖3－66）。

圖3－65

圖3－66

圖3－67

十六、白猿獻果

1. 閃身獻果

設敵用左拳擊我胸膛，我即左足後卸，虛右足閃身，以左手搬扣敵左腕臂，用右拳慣擊敵左耳額（圖3－67）。

2. 躬身獻果

設敵左拳忽然當胸打來，我即以兩小臂合肘夾折敵左臂，並以左手擒扣敵左腕，右拳下砸敵臂（圖3－68）。

3. 捧托獻果

設敵用左拳當胸打來，我即閃身卸步，用雙合手採捋敵左臂，起左足下蹬踢敵小腿，即落足進步上托擠挫敵左

圖3－68

圖3－69

臂（圖3－69）。

十七、蹬 腳

1. 鎖臂取瞳

設敵左拳打來，我即虛
步閃身以右手攔推敵左腕，
進左足以左手採捋敵左小
臂；同時，用兩手扭捌敵腕
臂（圖3－70）。

圖3－70

設我以十字手捋敵左
臂，即釋右手探掌取敵雙瞳
或擊敵面鼻（圖3－71）。

2. 開臂蹬胸

設我用右拳擊敵胸，敵
若以右手來抵防，我即用左
手分挑敵右腕，起右足前蹬
敵腹（圖3－72）。

圖3－71

設我用左手分挑敵右
腕，敵若以左手推託我右
肘，我即蹲身下纏採敵臂
兩手腕，收撤回腰側，聳
身起右足蹬敵胸腹（圖3－
73）。

設敵自左方打來，我即
順勢右足移步左轉身，以兩

圖3－72

131

圖3-73　　　　　　　　圖3-74

手分展格攔敵臂，起左足蹬敵胸肋（圖3-74）。

　　設敵自後方打來，我移左足扣步右轉身，起右足蹬敵胸腹（圖3-75）。

　　設敵迎面追擊，我即蹲身扣左足閃轉，聳身起右足蹬敵腹肋（圖3-76）。

圖3-75　　　　　　　　圖3-76

十八、雙風貫耳

1. 摟貫連環

設敵用右拳當胸打來，我虛步閃身，以左手摟扣敵右腕臂；同時，用右手掌擺貫敵左耳鬢（圖3－77）。

圖3－77

設敵用右拳當胸打來，我即虛步閃身，以兩手掤捋敵右腕臂下按，釋左手做拳沖擊敵右耳鬢（圖3－78）。

2. 老漢推車

設敵用右拳當胸打來，我即虛步閃身，以雙手合捋敵右腕臂下按，釋左手提貫敵左耳面。敵若以左手抵防，我即以左手採捋敵左腕下按；同時，兩手外翻撤收於兩腰肋，起右足前蹬敵腿（圖3－79）。

圖3－78

圖3－79

圖3-80

接著蹬足後屈膝上提；同時，兩手拳前推下壓，以膝頂折敵雙臂（圖3-80）。

3. 雙峰貫耳

設敵用右拳當胸打來，我即虛步閃身，以左手攔捋敵右腕，右手掌貫擊敵左耳。敵若以左手抵防，我即以右手捋採敵左腕，並以兩手擒敵腕向左右分展，右弓步向前下按擲，致敵低頭即釋雙手做拳貫擊敵兩耳鬢（圖3-81）。

圖3-81

十九、金雞獨立

1. 雄雞撒翅

設敵用左拳當胸打來，我即後卸左足身左轉，以雙合手掤捋敵左腕臂，向左下捋按，隨之左仆步下勢（圖3-82）。

2. 金雞鳴晨

接著左腿屈膝前弓，右腿後蹬直伸，作左弓步，並以左手擒敵左腕前推，右手推敵左肩肋部擲敵（圖3-83）。

134

3. 金雞上架

設敵右拳當胸打來，我即以左手攔採敵右腕下按，右手掌上托敵下頦；同時，提右膝撞頂敵腹（圖3－84）。

設我用右掌右膝進擊敵時，敵若用左手搬我右腕或右膝，我即以右膝下落足踏敵腳面，右手下捋敵左腕；同時，以兩手擒敵腕外捋，提左膝頂撞敵腹肋（圖3－85）。

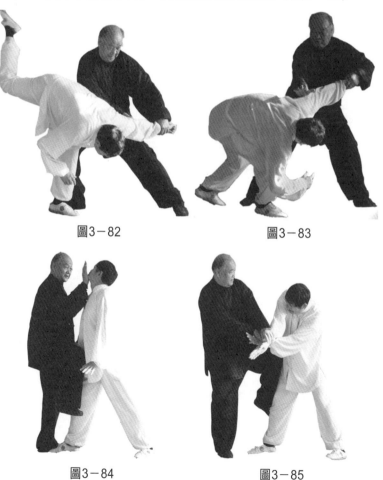

圖3－82　　　　　　　　　圖3－83

圖3－84　　　　　　　　　圖3－85

4. 蟄龍升天

設敵用右拳當胸打來，我即移步右閃身，以左手掌擎托敵右肘，提左膝撞擊敵腹肋（圖3－86）。

設敵用右拳當胸打來，我即右足後卸身右轉，提左膝抵墊敵右臂，以右拳砸切敵右腕（圖3－87）。

設敵用右拳當胸打來，我即以雙合手下捋敵右腕臂，繼再上提以左手上托敵右肘，進左步近貼敵身，即坐勢下落左肘頂擊敵右腋肋（圖3－88）。

二十、倒攆猴

1. 三擊齊發

設敵右拳當胸打來，我即以左手順勢捋扣敵右腕外摟，以右掌前伸探撲敵面目；同時，起左足蹬踢敵腹肋（圖3－89）。

圖3－86

圖3－87

2. 倒步捲肱

設敵右拳正面打來，我即以右手捋敵右腕，右轉身以左足掛敵右足後撤撐蹬，並以左手掌後甩敵腹（圖3－90）。

設敵用右拳身後進擊，我即左轉斜身，以右手刁捋敵右腕，左臂掩肘夾敵臂，左掌探刺敵喉目（圖3－91）。

圖3－88　　　　　　　　圖3－89

圖3－90　　　　　　　　圖3－91

圖3－92

設敵忽然用拳或掌向我撲擊，我即以兩掌心相合吐力撚挫敵臂腕（圖3－92）。

3. 捋按捲折

設敵右拳進擊我胸，我即右轉身，右足向右後撤一步；同時，以雙合手將敵右臂向右後採捋，釋右手自上向下拍擊敵後腦（圖3－93）。

設敵用右拳進擊我胸，我即以雙合手捋按敵右腕臂，左手擒肘下按，右手擒腕上推，以兩手搓折敵右臂，並用左足勾掛敵右足跟（圖3－94）。

圖3－93

圖3－94

4. 引弓射雕

設敵用右拳擊我胸，並用右足扣踏我左足外，我即以左手摟採敵右腕臂回撤；同時，撤左足後掛敵右足，用右手橫掌撲擊敵頭面或脖喉（圖3－95）。

圖3－95

二十一、斜 飛

1. 掤捋橫挒

設敵用左拳當胸打來，我即以左足後退一步，虛右足閃身，以左手上提掤敵左腕向左後捋按，右手掌向前撲擊敵脖喉（圖3－96）。

圖3－96

2. 烏龍絞柱

設敵用左拳當胸打來，我左閃身，以右手向左推按敵左臂，左手掌探掌刺擊敵面目（圖3－97）。

敵若用右手抵防，我即以左手採按敵右

圖3－97

圖3－98

腕，以右手掌斜飛擊敵頭面（圖3－98）。

設敵用左拳當胸打來，我即卸步閃身，以兩手捋按敵左腕臂，即釋右手提擊敵頭面。敵若用右手抵防，我即以右手採捋敵右腕，右捋下按，左手捋擒敵左腕上提右推；同時，右足向左足倒插一步，右轉身兩手合抱捆擒敵身（圖3-99）。

3. 斜身飛捌

設敵用左拳當胸打來，我即左手捋擒敵左腕下按，騰右手提擊敵面鼻。敵若以右手抵防，我以右手採捌敵右腕，右轉身一周，以右弓步助力，右手採捌敵腕向右上方擲擊（圖3－100）。

圖3－99　　　　圖3－100

4. 黏切連擊

設敵用左拳當胸打來，我即左手抒敵左腕，以右橫攔掌飛擊敵頭耳。敵若用右手擒握我右腕，我即以左手上提敵臂，並撤回右臂，以右掌腕下切壓至敵左肘外，即挑指頂掌前推（圖3－101）。

5. 斜身雙鞭

設敵從左側後右直拳進擊，我即左轉身，以右手抒擒敵腕，以左手掌提掛鞭擊敵頭頰，繼以左臂屈肘上夾敵臂外擺摝（圖3－102）。

二十二、旋肘搬靠

1. 屈肱旋肘

設敵左拳當胸打來，我即以左手攔格敵腕，以右手掌挑採敵左腕，騰左手以肘頂擊敵胸（圖3－103）。

圖3－101

圖3－102

圖3－103　　　　　　　圖3－104

設我左肘頂擊敵胸，敵若以右手採托我左肘，我即以左肘旋轉滾化敵勁外擺，伸左掌撲擊敵頭面（圖3－104）。

2. 懷抱琵琶

設我以右手採捋敵左腕，左肘頂擊敵胸，敵以右手採托，我即左肘旋轉化敵勁，以左手下落捋敵右腕，右手擒敵左腕提捌，起右足向前蹬擊敵小腿（圖3－105）。

或以右手擒敵左腕下落前推至敵右肋，移右手搬扣敵右肘，左手推按敵右腕，兩手合力提撅敵右臂（圖3－106）。

3. 貼身靠打

設敵用右拳當胸打來，我即以左手攔搬敵右腕，右手搬敵右肘。敵若掙力，我即以右手掌下插敵腹襠，左手掌上探敵面瞳；同時，右足進步，以右肩靠擊敵胸心（圖3－107）。

圖3－105　　　　　　　　　圖3－106

二十三、白鶴亮翅

1. 嬰兒吃奶

設敵用左拳當胸打來，我即以右手採捋敵左腕，下按前推至敵左胯外；同時，右足前進一步作右弓步，左手掌探撲敵頭額（圖3－108）。

圖3－107　　　　　　　　　圖3－108

2. 攖捉其鋒

設敵用右拳當胸打來，我即以左手捋扣敵右腕外摟；同時，左足前進一步扣敵右足外，以右掌鞭擊敵左耳。敵若以左手抵防，我即以左手穿提敵之左肘挪捋，騰右手掌推擊敵左肋（圖3－109）。

3. 順肩襯肘

設敵用右拳自上打來，我即閃身進左步貼近敵身，以左手臂挪擠敵臂，蹲身向左下捋採；同時，左擰身以右掌摜擊敵左耳或肩（圖3－110）。

4. 龍鍘斬首

設我左手捋採敵右腕，右手摜擊敵左耳，敵若以左手抵防，我即以右手採捋敵左腕回撤屈肘撐拉，釋左手橫掌前探推切敵脖喉（圖3－111）。

圖3－109　　　　　　　圖3－110

二十四、摟膝拗步

1. 降龍伏虎

設敵用右拳當胸打來，我即虛左足閃身，以右手格攔敵右拳，並以左手挑挌敵右腕，騰右手轉身進右足屈肘頂撞敵胸心（圖3－112）。

圖3－111

圖3－112

設我右肘頂擊敵胸，敵若用左手推按我右肘，我即以右手擒敵右腕，右肘順落柔化貼浮右肋，右拳反背折疊捌敵右臂；同時，右轉身撤右足屈膝下蹲，以左掌推按敵右肘臂（圖3－113）。

圖3－113

2. 捉蛇擒首

設敵用右拳向我心腹部打來，我即以左手摟按敵右腕臂，向敵右胯外摟按；同時，身左轉，左足前進一步作左弓步，右手掌向前直伸指點敵面目，繼坐腕拓印敵頭面（圖3－114）。

3. 青蛇伏草

設我用左摟膝拗步擊敵，敵若以左手推按右腕臂，我虛右足，身左轉，以左手採擒敵左腕，右手下纏繞按敵左臂，兩手合力向左下捋按（圖3－115）。

4. 黑虎掏心

設敵用左拳擊我中下盤，我即以右手摟按敵左腕臂，右弓步推按敵左腕臂，以左掌前推擊敵胸心（圖3－116）。

圖3－114　　　　　圖3－115

圖3－116　　　　圖3－117

5. 提腕壓肩

設我用右摟膝拗步擊敵，敵若以右手抵防，我即以右手刁採敵右腕採捌回撤，以左手掌推擊敵肩頭（圖3－117）。

6. 坐步按掌

設敵用右拳當胸打來，我即以雙合手捋採敵右腕臂。敵若掙力，我即以左手採擒敵右腕臂，

圖3－118

外摟推按；同時，左足前進一步，左轉身以右掌前推敵胸心，並蹲身落勢（圖3－118）。

7. 平地旋風

設我右腕被敵擒握，我即以左手按住敵手背，兩手向右下方擦地畫弧；同時，右足向右斜踏一步，弓步助勢，並以右手腕外旋捯擒敵右腕，釋左手向前推擊敵頭胸或肩臂（圖3－119）。

二十五、如封似閉

1. 纏手推擊

設我以右弓步左手掌推擊敵胸，敵若用右手推攔，我即以右手從己左腕下採擒敵右腕回撤，仍以左掌推擊敵肩頭（圖3－120）。

2. 封手擊拳

設我用左弓步，左手掌推擊敵胸，敵若左手掌格攔，我即以右手從己左腕上採擒敵手腕外旋擰捯回撤，騰左手掌前伸推按敵胸肋（圖3－121）。

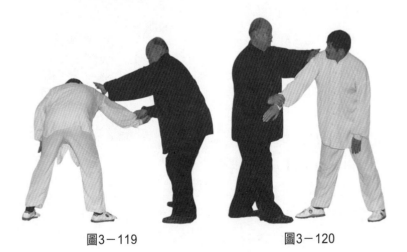

圖3－119　　　　　　　　圖3－120

圖3-121

圖3-122

3. 閉門推月

設我用左弓步左手掌推擊敵胸，敵若左手抵防，我即以右拳衝擊敵頭。敵若用右手抵防，即以右手採捋敵右手腕向右捋推，用我雙手合力推撲擲敵（圖3-122）。

二十六、十字手

1. 上十字封

設敵用雙拳或雙掌當胸打來，我即以兩手由左右向內合，十字推擒敵雙腕臂，左手在上，右手在下，並以兩手掌合力向前推擲（圖3-123）。

圖3-123

設我十字推擒敵雙腕，即上舉敵雙腕臂，即以右手採敵右腕臂，左手採敵左腕臂，向左右分展将採，翻手捯折敵雙臂前推擲（圖3－124）。

2. 開合十字

設敵用雙拳當胸打來，我即以兩手由外合力採拿敵雙腕，即向左右分展採擺，繼翻手擒敵腕向腹前合手推捯擲出（圖3－125）。

3. 下十字變

設敵用雙拳當胸打來，我即以兩手由外合手，十字推擒敵雙臂，左手在上，右手在下，以左手刁摟敵雙臂採擒左肘，騰右手以拳擊敵左肩頭（圖3－126）。

圖3－124

圖3－125

圖3－126

　　或左手在內下推，右手在外上推敵臂至頭面，左手在下推敵臂至腹襠，進身以左肩靠擊敵身（圖3－127）。

　　或左手在內下推敵臂至腹襠，右手在外上推敵臂至頭肩，橫跨右步，雙手齊向右撲抹（圖3－128）。

圖3－127

圖3－128

二十七、抱虎歸山

1. 插襠靠肩

　　設敵用左拳當胸打來，我即閃身向左，以左手提捌敵左腕，向左採挒，並以右手掌下插拓擊敵腹襠；同時，進身以右肩靠擊敵身（圖3－129）。

圖3－129

圖3－130

2. 倒海翻江

設我左手掤推敵左腕，右手掌下插拓擊敵腹，敵若用右手抵防，我即以右手採擒敵右腕翻手上提，左手採擒敵左腕下落推按於敵左胯；同時，左擰身，捆撅敵臂倒敵（圖3－130）。

3. 左右揚鞭

設敵用右拳自右後方打來，我移右步，右轉身以右手掤捋敵右腕臂，捋捯右胯外，並用左掌撲擊敵肩頭（圖3－131）。

設敵用右拳直擊我胸，我即以右手摟截敵右腕臂，用左掌貫擊敵右耳（圖3－132）。

圖3－131

圖3－132

圖3-133　　　　　　　　圖3-134

敵若用左手抵防，我即以左掌摟按敵臂，騰右手掌貫擊敵左耳（圖3-133）。

4. 雙輪挽抱

設敵用左拳當胸打來，我即以右手摟截敵左腕臂，以左掌撇面擊敵，隨即下落摟扣敵左臂；或騰右手反背掄貫敵左耳，繼右掌下落摟扣敵臂，騰左掌向上掄貫敵耳（圖3-134）。

或我以右掌掄貫敵左耳，敵若以右手抵防，我即以右掌採捋敵右腕，向敵左肩後捋；同時，左手捋採敵左腕上提，按於敵右肩，右手順敵肩下摟抱敵腰（圖3-135）。

圖3-135

圖3－136

或我摟抱敵腰捆敵，敵若思逃跑抵爭，我即釋雙手向前推撲敵胸，致敵遠跌（圖3－136）。

二十八、肘底捶

1. 葉下藏花

設敵用右拳擊打頭部，我即上右步閃身近敵，以左拳上架且鑽擊敵頭額，右拳前衝敵胸心，左足踹踢敵腿，上中下三盤同時攻打，敵難防必退（圖3－137）。

設我臨近敵身，以上中下三盤齊進擊敵，敵若執握我上擊拳，我即以右手擒握敵執手腕，兩手握拳下砸壓至腹前，繼以右拳後撤，左拳前衝挫擊敵胸心（圖3－138）。

圖3－137　　　　圖3－138

設我上中下三盤擊打敵時，敵若同時執我兩手腕，我即以右拳回撤，以左肘研夾敵臂，解脫右手，以右拳前衝敵胸心，左拳撤拳後頂肘（圖3－139）。

圖3－139

設我上中下三盤擊打敵時，敵若同時執握兩手腕，我即以兩拳齊力蹲身下栽擊，並以左足踏踩敵足或震足，隨即聳身起立，以兩拳上衝敵胸頭（圖3－140）。

設敵用右拳向我心腹部打來，我即以左手攔採敵右腕，用右手外挽纏捋捌敵右腕臂，騰左手以拳前衝挫摵敵右臂，並上左足勾跪敵腿蹲身伏勢（圖3－141）。

圖3－140　　　　　　圖3－141

二十九、海底針

1. 判官勾筆

設敵用左拳擊來，我即以右手摟按敵左腕臂，以左掌直刺敵面喉，繼掌根坐腕拓擊敵胸口（圖3－142）。

設敵用左拳擊來，我即以右手推脫敵左肘，順勁領引於左後方，以左掌下刺敵海底（圖3－143）。

設我左手掌擊敵，若被敵右手所擒，即順其勁纏腕反採敵腕，下插至己左足尖擦地後撤，並以弓身右掌前推擊敵（圖3－144）。

2. 峨眉刺點

設敵用右拳打來，我即以左手托扣敵右肘，並以右手捋採敵腕臂向右下捋，騰左掌前探刺敵面瞳；同時，左足鉤絆敵右小腿（圖3－145）。

圖3－142　　　　　　圖3－143

156

設我左掌探刺敵面瞳，敵若以左手抵防或擒握，我即反挽回撤向地下沉；同時，以右手掌前推擲敵胸心（圖3－146）。

圖3－144

圖3－145　　　　圖3－146

三十、扇通臂

1. 起迎落摔

設敵用右拳打來，我即展身以右手掌提擊挑打，繼前擲臂砸（圖3－147）。

設敵用右拳打來，我即以左手攔推敵右臂；同時，以右掌前推擊敵胸心（圖3－148）。

2. 升帆杵杆

設我以右掌擊敵，敵用左手握我右腕，我即以右手翻腕上提；同時，左足前進一步做左弓步，並以左掌前推擊敵胸心（圖3－149）。

三十一、雲 手

1. 迎風擺柳

設敵用右拳正面打來，我即移步向左閃身，以右手吃

圖3－147

圖3－148

圖3-149

圖3-150

外提挑雲領，引敵勁落空，用掤勁擲發敵臂，並以左手推按敵右肩頭（圖3-150）。

2. 雲團翻滾

設敵用右拳正面打來，我即移步向右閃身，以左手吃裡提掛雲滾，引敵勁落空，並以右手掌向左上提挑接纏敵右肘外，兩手掌合力交叉捌撅敵臂，左橫步倒敵（圖3-151）。

3. 旋風捲纏

設敵用左拳正面打

圖3-151

159

圖3－152

來，我即移步向左閃身，以右手向左推按敵腕，引敵勁落空，並以左手穿纏敵左肘外掤滾，以右手掌推擲敵左肩頭（圖3－152）。

4. 覆雲旋渦

與雲團翻滾動作相同，應用略相同，唯於引敵落空後，即以右手亦擒敵右腕，兩手合力向下採按，擦地向右畫弧、摔提（圖3－153）。

5. 單鞭打虎

設敵用左拳當胸打來，我即移步閃身，以右手掌提掛掤滾敵左腕，向右推擒，以左手掌左弓步鞭擊敵胸膛（圖3－154）。

圖3－153　　　　　圖3－154

三十二、玉女穿梭

1. 蹬機織布

設敵用右拳從左側後方打來，我即移步左轉閃身化敵來勁，並以左臂傍抬屈肘上夾敵臂，以右手掌橫貫敵左耳額；同時，用右足踢敵腿臁骨（圖3－155）。

2. 推算穿梭

設我右手掌擺摜敵左耳額，敵若用左手抵防，我即以右手翻掌回撤，並以左手掌穿伸敵左臂肘外，兩臂同時外滾，垂肘蹲勢捌擬敵臂（圖3－156）。

設敵用右拳當胸打來，我即以左手摟扣敵右臂，上右步以右手提擊敵右耳額。敵若以左手橫推我臂，我即以左手掌穿插敵左肘處掤架敵臂；同時，進左步扣敵右腿，以右手掌擊敵胸肋或推擲（圖3－157）。

3. 掤肘穿梭

設敵用右拳當胸打來，我即以左臂掤敵右肘臂，進左

圖3－155　　　　　　　圖3－156　　　　　　　圖3－157

圖3－158

步用右手掌推擊擲敵（圖3－158）。

4. 纏繞盤紗

設敵用左拳從右側後打來，我即移步回身，以右手掌傍纏敵左臂，虛右步，以左手掌攔摜敵右耳額（圖3－159）。

5. 移枝捌按

設敵用左拳從右側後打來，我即移步換式回身化敵來勁，以右手傍纏採敵左腕向左推，並用左手接擒敵左腕臂，騰右手上提貫擊敵右耳額（圖3－160）。

6. 玉女穿梭

設我用右手提擊敵右耳，敵以右手抵防，我即以右手

圖3－159

圖3－160

採挒敵右臂，進右步，以左手掌推擊或擲發敵胸肋（圖
3－161）。

三十三、活步攬雀尾

1. 撬根擠擲

設敵用右拳當胸打來，我即移步閃身虛右足，以左手
掌推攔敵右腕，右手掌由己左臂下提挒敵右臂；同時，右
足前進一步，進身提擠敵右臂，左掌前推助力，俟敵拔根
擠擲發敵（圖3－162）。

2. 将前顧後

設敵左拳當胸打來，我即移步閃身虛左足，以左手掌
提挒敵左腕臂，右手掌推託敵左肘外，兩手合力上托挒
擠，繼即沉肩垂肘，兩手向左後方将敵臂；同時，左足後
移一步，身左轉成龍門步，至将敵前傾時，身復右轉按敵
（圖3－163）。

圖3－161　　　　圖3－162　　　　圖3－163

3. 順勢進擠

設敵用左拳當胸打來，我即卸步閃身，以兩手掤化敵左臂，向左後方捋攬，並以右腕臂黏隨敵左臂；同時，以左手掌按己右腕，合力進身前擠（圖3－164）。

4. 金雞爭鬥

設我以兩手掌合力擠敵時，敵用兩手按我臂肘，我即以兩掌旋腕採拿敵兩手掌；同時，以左手採敵左手回撤，右手採擒敵右手前伸至敵左腋下，採挒敵兩臂（圖3－165）。

5. 機動螺旋

設敵用雙手掌當胸撲來，我即以十字手臂掤化敵雙手；同時，以左手採挒敵左手腕，騰右手以拳向敵左腋下前擊，或進步推擲（圖3－166）。

設敵用雙手掌當胸撲擊，我以左臂上掤敵雙手，掩肘上旋，以左手採挒敵左腕，卸步後坐，並以右拳前擊

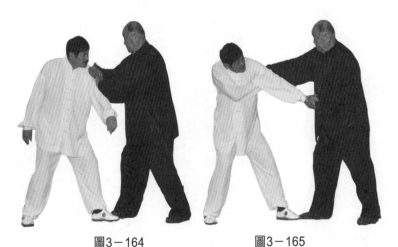

圖3－164　　　　　圖3－165

敵肋，繼屈肘肱捋擠靠敵
左肘臂，或擠擲敵身臂
（圖3－167）。

6. 順水推舟

設敵用雙手掌當胸撲
來，若剛力過大，我即卸
左步閃身，虛右足；同
時，以兩手掌順勢下按敵
左臂，進右步，兩手掌下
按前推，擲發敵身（圖
3－168）。

圖3－166

三十四、肘底看捶

1. 烏龍汲水

設敵用右拳當胸打來，我即左卸步閃身，以左掌向

圖3－167　　　　圖3－168

圖3－169

右截按敵擊拳，並以右手臂向上提擊敵右肘處（圖3－169）。

2.青龍舞爪

設敵用右拳來擊，我即以左手摟扣敵右擊拳；同時，以右手提挑敵肘臂，並纏拿敵右肘，向右前斜領推，進左步以左掌撲擊敵頭面（圖3－170）。

3.烏龍擺尾

設敵用左掌當胸打來，我即右卸步閃身，以左手掌掤捋敵左腕，退柔畫弧引敵落空，即採捌敵腕，進右步以右拳摜擊敵耳鬢（圖3－171）。

圖3－170

圖3－171

圖3－172

圖3－173

4. 烏龍入洞

設我右拳擊敵左耳，敵若用右手擒我右腕，我即右臂回撤，以左手掌上托敵右肘；同時，退右步捋攦敵右臂（圖3－172）。

或以左足鏟踢敵小腿，左手上推託，釋右手以拳擊敵胸肋（圖3－173）。

三十五、野馬分鬃

1. 疊步插靠

設敵用右拳從左側打來，我即移步左轉身，以兩手合抱敵右腕臂，順勁向右下捋按，即起右足前踩踢敵前腿（圖3－174）。

圖3－174

或我踩踢之足前落,即右撐身疊步,以左手扣按敵右臂,釋右手掌上探敵面目,驚敵上防(圖3－175)。

2. 進步掤擠

設我以右探掌上驚敵面,敵用左手抵防,我即左手擒敵右臂上提於敵左腋下;同時,左足向左斜方進步,左臂向左斜上挑擊,右手向右下搬按(圖3－176)。

圖3－175

設敵用左拳當胸打來,我即移進右步,以左手捋按敵左腕,用右手掌下插腋挾敵左臂,並以右手挑擊敵襠;或騰左手掌上驚探敵瞳,誘敵手上防(圖3－177)。

設我左手上驚敵瞳,敵若用右手上防,我即以右臂穿插敵右腋下,撐身向右斜方挑擊(圖3－178)。

圖3－176　　　　圖3－177　　　　圖3－178

3. 撕展抖擲

設敵用右拳下擊我腹，我即卸步，以左手順勢採捋敵右腕，向左上方斜提，並以右手掌前擊敵面鼻。敵若以左手上防，我即以右手採捋敵左腕，向右下方斜捋；同時，以兩肩肘腕裡旋擰擲敵兩臂（圖3－179）。

圖3－179

4. 折杆剪腕

設敵用左拳當胸擊來，我即移進左步，以左手攔捋敵左腕；同時，右手下插，以右腋挾敵左臂，騰左手掌前刺敵脖喉，隨即左擰身，以右肩靠折敵左臂（圖3－180）。

設我挾靠敵臂，敵若抽臂後逃，我即以右臂屈肘橫挑敵左臂，並上右步橫擠挑擊敵上身（圖3－181）。

圖3－180

圖3－181

圖3-182

5. 左右分披

設我挾折敵左臂，敵用右拳打來，我即以左手上掤敵右腕臂，上右步以右臂掤挑敵左右兩臂根，向右上方斜掤擠（圖3-182）。

設我挾折敵左臂，敵用右拳打來，我即以左手採敵右腕下按，右手屈臂接擒敵右腕，騰左手上下任意擊打（圖3-183）。

三十六、掩手肱捶

1. 騰手沖擊

設敵以左拳當胸打來，我即以左手按化搬扣敵左臂，並以右掌撲擊敵面。敵若以右手抵防，我即以右手回採敵右腕下按，並用左手按敵右臂，騰右手以拳上沖敵頭頦

圖3-183

圖3-184

（圖3－184）。

2. 閉門鎖門

設我用右拳上沖敵頭，敵若用右手抵防，我即以右手採敵右腕，向右前方採捋；同時，右足向右前斜上步，並用左手掌推擊敵胸心（圖3－185）。

圖3－185

3. 肱力抖捶

設敵用右拳當胸打來，我即以右手捋採敵右腕，以左手提擊敵面鼻。敵若用左手抵防，我即以左手採擒敵左腕，向左下摟扣，左足亦向左前方進步，以右拳肱力抖擊敵胸腹（圖3－186）。

圖3－186

三十七、手揮琵琶

1. 拳打腳踢

設敵臨近我身微動時，我以右拳提擊敵頦；同時，用左足下踢敵腿，所謂拳打足踢（圖3－187）。

2. 手揮琵琶

設我用右拳提擊敵頦，

圖3－187

圖3－188　　　　　　　　圖3－189

敵若以右手抵攔，我即以右手擒敵右腕回撤，以左手上托敵右臂肘，兩手合抱折剪敵腕臂（圖3－188）。

3. 揮手擊弦

設我合手抱折敵臂，敵若掙力逃脫，我即順敵掙力或裡或外圓轉化敵，前推折剪敵臂；或向左右摟撥，騰手以黑虎掏心捶擊敵心胸（圖3－189）。

三十八、白蛇吐信

1. 白蛇吞食

設敵用右拳當胸打來，我即以右手掌攔按敵右腕臂，左手掌由敵右臂下前伸，掌心向上鎖扣敵咽喉或托下巴頦（圖3－190）。

圖3－190

設我用左掌鎖喉托頦，敵若用左手抵防，我即以左手採敵左腕屈肘左将，上架敵右臂根，並移進左足，起右足彈踢敵腹襠（圖3-191）。

圖3-191

2. 盤蛇翻身

設敵用右拳當胸打來，我即以右手採将敵右腕向右領帶，以左手掌由敵臂下橫擊敵頭耳；同時，左足裡扣，身右轉，以左肩背折靠敵右臂，並以兩手由身前下按敵腕臂折撅（圖3-192）。

3. 截砸膝打

設敵用右拳當胸打來，我即以左手掌截攔敵右臂，用右手将擒敵右腕向右将採，並起右足彈踢敵襠部（圖3-193）。

圖3-192

圖3-193

或屈膝前頂擊敵腹胸部；或提膝獨立，以右手採握敵右腕下砸，截切敵右臂（圖3－194）。

4. 托臂撩陰

設敵用右拳當胸打來，我即以左手截攔敵右臂肘，移進左步，向前上推敵臂肘，並以右拳撩擊敵襠腹（圖3－195）。

5. 蝙蝠落地

設我用右拳撩擊敵襠，敵若用手按防，我即以左手採拿敵手腕前推下按，馬步下蹲勢解脫我右手，並撐按倒敵（圖3－196）。

三十九、雙下勢

1. 抱托拍擊

設敵用左拳從右側打來，我即虛右足，身向右轉，以

圖3－194　　　　　圖3－195

兩手掌合拍抱擊敵左臂，隨之拱臂擲擊（圖3－197）。

2. 平沙落雁

設敵用左拳當胸打來，我即以兩手合抱採捋敵左腕臂，卸左足屈膝下蹲，兩手捋擒敵臂擦地捋撤倒敵（圖3－198）。

圖3－196　　　　　　　　圖3－197

圖3－198

圖3-199　　　　　　　圖3-200

3. 立蛇伏地

設我以右仆步捋捌敵臂，敵若掙力撤逃，我即聳身起立，釋右手提擊敵面鼻（圖3-199）。

設我提擊敵面，敵若以右手抵防，我即以右手捋採敵右腕，左手捌捋敵右肘臂，撤右步屈膝，以左仆步捋捌敵臂，乘勢擊打（圖3-200）。

四十、上步七星

1. 十字變花

設敵用右拳當胸打來，我即閃身移進左足，以左手攔採敵右拳，右手採擒敵右腕臂，並以兩手內翻前撐，捌搣敵腕臂（圖3-201）。

設敵右拳打來，我以十字手採擒敵腕，敵若後撤掙逃，我即以左臂上挑敵右臂，以右拳反背顛擊敵迎面（圖3-202）。

設我以右反背拳迎面擊敵，敵若用左手抵防，我即以右手採敵左腕，左手採敵右腕，並蹲勢前後十字撐按撐身倒敵（圖3-203）。

2. 迎面通天

設敵用左拳當胸打來，我即以左手搬扣敵左臂，以右拳上沖敵頭額（圖3-204）。

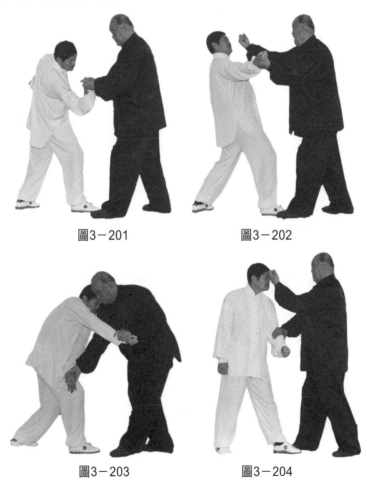

圖3-201　　　　　　　　圖3-202

圖3-203　　　　　　　　圖3-204

設我用右拳上沖敵頭，敵若以右手抵防，我即以左手採挒敵右腕，右手採挒敵左腕，向左右分展將採敵臂畫橫圓；同時，用右足下拌踢敵腿（圖3－205）。

或以右足前移步，釋左手掌前刺敵喉；或托頦、取瞳、推擲敵胸臂（圖3－206）。

四十一、退步跨虎

1. 驚上取下

設敵左拳當胸打來，我即以左手摟扣敵左腕臂，以右手提擊敵面。敵若以右手抵防，我即以右手採捌敵右腕，撤右步向右上方將帶，以左手拍擊敵小腹（圖3－207）。

設我左掌拍擊敵腹，敵若以左手抵防，我即以左手採纏敵左腕，向左上提領，以右掌拍擊敵下丹田，或用栽拳擊敵腹（圖3－208）。

圖3－205

圖3－206

圖3-207　　　　　　　圖3-208

2. 順蔓摘瓜

設我左手採纏敵左腕，經面前落按，用右手移擒敵左腕上提向右採挒，並以左手掌順敵左臂伸展，以切掌擊敵脖根，或敵左腋肋；同時，虛左足以蓄勁蓄招（圖3-209）。

圖3-209

3. 推磨滾碾

設敵用右拳當胸打來，我即以左手攔採敵右腕，以右手提擊敵面頰。敵若以左手抵防，我即以右手採纏敵左腕，向右下採挒；同時，左手外旋翻掌，兩手心向上合勁於腹前，向前下推擲（圖3-210）。

圖3-210 圖3-211

4. 提踢跨虎

設敵用右拳當胸打來，我即左手攔按敵右臂，右手採擒敵右腕，釋提左手擊敵左耳額。敵若以左手抵防，我即以左手採纏敵左腕，向左下採捋；同時，兩手合力外旋捌攦敵兩腕臂上提前推擲（圖3-211）。

或以右手採捋敵右腕向右上採帶，左手下撥，提左足跨虎鉤踢敵右腿，身左擰擲敵（圖3-212）。

四十二、轉身擺蓮

1. 轉身掃擺

設敵用左拳當胸打來，我即以左手刁採敵左腕，右手採敵左肘，兩手合力向左前下採擲；同時，上左步閃身伏身誘敵，隨即右轉身以右腿後掃拌敵，或以右足踢敵肋（圖3-213）。

設敵用右拳當胸打來，我即以右手刁採敵右腕，左手推採敵右肘，兩手合力向右前方捋推；同時，上左步右轉

身，挒捌敵右臂，釋雙手撲擊敵身（圖3－214）。

2. 懷中抱月

設敵用左拳當胸打來，我即以兩手挒按敵左臂，釋右手提擊敵面。敵若以右手抵防，我即以右手採挒敵右腕，向右下採挒，左手擒敵左腕上提，做兩手身前合抱勢，捆挒敵臂，並上左步橫推擲敵（圖3－215）。

圖3－212　　　　　　　　　　圖3－213

圖3－214　　　　　　　　　　圖3－215

3. 閉門推月

設敵用左拳當胸打來，我即以兩手採捋敵左腕臂，上左步，釋左手直擊敵頭頰。敵若以右手攔推我左肘，我即釋右手挑採敵右腕，右轉身向右上方採捋，左手向右推擊敵胸肋（圖3－216）。

4. 風擺荷葉

設敵用右拳當胸打來，我即以兩手捋採敵右腕臂向上提採，並上左步，右轉身，起右足擺踢敵襠或腿（圖3－217）。

四十三、彎弓射虎

1. 川字踩擊

設敵右拳當胸打來，我即以雙合手採捋敵右臂，向右上提擻，並提右足向前踩蹬敵右腿膝臁，或敵右腹肋（圖3－218）。

圖3－216　　　　　　　圖3－217

圖3－218

圖3－219

　　或以右手採将敵右腕，左手採按敵右肩並向右下捋按，並以右膝頂擊敵右臂肘關節（圖3－219）。

2. 武松打虎

　　設敵用雙手採擒我右臂，我即以左手抱己右拳拱手上舉，向右轉畫圓，並用兩手合力捆擒敵雙臂（圖3－220）。

　　設我捆擒敵雙臂，敵若掙逃，我即順勁以左手搬摟敵臂，以右拳衝擊敵頭額（圖3－221）。

　　設我拱手上舉右轉，敵擒手必開，我即以左手掌按

圖3－220

推敵臂，騰右拳擊敵頭額（圖3－222）。

　　設敵用雙手擒我右臂，我即以兩手合力向右後撤上轉，敵手必開，我即以左手掌摟壓敵臂，以右拳衝擊敵太陽穴（圖3－223）。

圖3－221

圖3－222

圖3－223

四十四、童子拜佛

1. 順手關門

設敵用雙拳當胸打來，我即兩手掌下按敵兩腕臂；同時，以兩手採擒敵兩腕外翻，撤拉前推擲敵（圖3－224）。

2. 搖身抖尾

設敵從背後摟抱我身手肘，我即以兩手腕十字相搭合力，鬆身軀抖勁上舉，以臀尾擊敵，敵手自開跌出（圖3－225）。

3. 拱掌拜佛

設敵用左手擒我左腕，我即以右手擒敵左腕，拱手前切，繼以兩掌合十，蹲勢屈肘落收於胸前，折捌敵手腕（圖3－226）。

圖3－224

圖3－225

圖3－226　　　　　　　　圖3－227

4. 雄鷹展翅

設敵用左手擒我右腕，我即以左手擒敵左腕，旋腕合十，敵手必開，我即以右手採握敵左手腕，向右擺伸，捌敵腕臂，左手掌前伸撲擊敵頭胸（圖3－227）。

四十五、卸步搬攔捶

1. 合腕雙扣

設我右手腕被敵所擒，我即以左手按擒敵腕，並以右手腕滾壓敵擒手，折敵腕解脫，隨即上提擊敵面鼻（圖3－228）。

2. 滾腕撲面

設敵用右手擒我右腕，

圖3－228

我即左手扣壓敵腕，卸右步
撐身滾捌敵腕臂，右手反
擒敵腕，以左掌向敵頭撲擊
（圖3－229）。

設我以左掌撲擊敵頭，
敵若以左手抵防，我即以兩
手合抱雙捋敵左臂；同時，
左足向斜方卸步，引敵頭斜
傾，釋右手提擊或前擊敵頭
胸（圖3－230）。

圖3－229

3. 搬攔連捶

設敵用左拳當胸打來，我即以左手搬扣敵左臂，以右
拳前擊敵胸，敵必用右手抵攔，我以右手回採敵右腕，以
左手攔壓敵右臂，復以右拳擊敵心胸部（圖3－231）。

搬攔捶有上中下左右前後七種，招法大致相同，不同

圖3－230

圖3－231

之處與繼用之招有關。如上搬攔捶，繼用之招為玉女穿梭。中搬攔捶，繼用之招為如封似閉。下搬攔捶，繼用之招為提手式。左搬攔捶，繼用之亦為提手式。右搬攔捶，繼用之招為葉底藏花。進步與卸步搬攔捶，繼用之招為撤回前拳，復拳再擊，無不命中。

四十六、收勢合太極

1. 動分靜合

圖3－232

兩手腹前上下合抱如太極圈。此勢為以靜制動，以守為攻；靜時，上為陽，下為陰；動時，動為陽，靜為陰，可禦敵上中下前後之進攻。設敵拳擊我中，我即以左手搬攔，右手提擊敵頭額（圖3－232）。

2. 外翻前推

設敵用左手握我右腕，我即以左手擒敵左腕，右手翻掌回撤，復翻掌前推，可折敵手腕，並以兩掌合力推擲敵身，並用身步助之。推擲時默吐呼聲（圖3－233）。

3. 黑風斬肋

圖3－233

設我用左掌擊敵，敵用右手推攔，我即以右手挑採敵右

腕，向右上採捋，並以左手掌
向下推切敵右肋，發勁默吐阿
聲（圖3－234）。

4. 海底撈月

設敵用右拳當胸打來，我
即以左手掤挑敵右腕臂，以右
手提擊敵面頰。敵若用左手抵
防，我即以右手採捋敵左腕；
同時，左手採捋敵右腕，兩手
左右各向下捋按至膝前，並蹲

圖3－234

勢成馬步，兩手合力托抱前推，默吐吹聲（圖3－235）。

5. 捧盤獻茶

設我以馬步採托敵兩腕臂，即聳身起立，兩手上托
敵兩腕至胸前，即兩手翻掌前推擲，默吐哂聲（圖3－
236）。

圖3－235

圖3－236

6. 順手牽羊

設我上挈敵兩腕臂，敵若掙力抵抗，我即以兩腕內旋，翻掌下按敵臂，致敵勁落空，按掌時默吐噓聲（圖3-237）。

7. 收合太極

設我下按敵兩腕臂至腹前，即以兩手向外撥，兩腕外旋垂手於兩腿外側，默吐嘻聲，鬆臍氣降丹田，合太極（圖3-238）。

【歌　曰】

精養靈根氣養神，養功養道見天真。

丹田養就生命寶，萬兩黃金不與人。

圖3-237　　　　　　　圖3-238

第四章

太極拳散手實用應敵法

第一節　實用應敵之步型

1. 弓　步

前腿進一步屈膝下蹲，後腿伸直，全足踏實。兩腳左右距離以肩寬為準，膝與下腿平直，並不得超過足尖，兩足尖均向前，上身中正，如摟膝拗步勢（圖4-1）。

2. 馬　步

亦名乘騎步。兩腳方向直前平行，距離與肩稍展寬，

圖4-1　　　　　　　圖4-2

兩小腿直立，上腿骨彎曲如坐，與地面平行，如童子拜佛勢（圖4－2）。

3. 坐 步

一腿坡直微屈，一腿屈膝下蹲，重心坐於下蹲之腿，上身中正，如坐步捋攬勢（圖4－3）。

圖4－3

4. 虛 步

前腿略彎，腳尖向前虛點地面，後腿屈膝略橫，全身重心寄於後腿，前腿虛懸，以便移動。此為太極拳之站樁步，如白鶴亮翅勢（圖4－4）。

5. 歇 步

兩腿交叉相疊，屈膝下蹲，前腳全腳著地，腳尖橫側

圖4－4

圖4－5

前，後腳腳尖著地，身體
重心寄於兩腿。這是由馬
步原地擰轉身軀形成的步
型，如推窗望月勢前之轉
身（圖4－5）。

圖4－6

6. 仆　步

　　一腿屈膝下蹲，一腿
坡直仆地，兩腳全腳著
地，腳尖向同一方向，如雙下勢（圖4－6）。

7. 獨立步

　　一腳著地，一腳提膝護襠，如金雞獨立勢（圖4－
7）。

8. 開立步

　　兩腳開立，平行與肩同寬，如提手勢、起勢等（圖
4－8）。

圖4－7

圖4－8

第二節　實用應敵之步法

1. 上　步
前步不變，後步向前邁進，謂上步；用於以進逼敵。

2. 進　步
在前之步再向前邁，後步隨之跟進，謂之進步；用於緊逼敵人。

3. 退　步
前步向後退卻，後步變為前步，謂之退步；若以手進則步退，是以進為退。

4. 卸　步
後步斜撤，前步向側方撤卸，謂之卸步；以緩解敵力，引進落空之謂也。

5. 開　步
兩腿平行站立，與肩同寬，謂之開步，未有任何步法變化；用於應敵前始動作。

6. 順　步
右側手在前，右側步也在前，謂之順步；側進、側退皆用之。

7. 拗　步
右側手在前，左側步在前，謂之拗步；用以十字進擊敵人。

8. 坐　步
步式蹲定，以擒制敵力，使不得掙逃，謂之坐步。

9. 仆　步

由坐步再下擒壓敵於地上，謂之仆步；用以倒敵仆地。

10. 斂　步

前步收回至後腳前，謂之斂步。用於步斂收而身手進以擒制敵人。

11. 跟　步

前步進短而速，連續迭進，謂之衝步。後步跟進，謂之跟步。此種步多以順步為之，拗步不能也。兩腳相靠較近者，謂之連枝步。此種跟步用以追逼敵人。

12. 疊　步

兩腿交叉蹲定，以變換方向，謂之疊步，亦名歇步。用於不及改變其他步法時，擰身蹲坐，曰疊步、歇步，此步在五步之中，屬於中定。

前列步法，於太極散手中所實用，由博返約，只五步而已。用步時最要分清虛實，切忌遲緩雙重，老步直立。至其變化，熟招之後自得法外之法。

第三節　實用應敵之身型

1. 頭

頭在人身中極為重要，所以稱之謂首。頭是人身之機體，高級神經中樞所在（大腦）。人的一切運動，都是透過大腦來指揮。頭為周身之主宰，進退、左右、上下等動作，均以頭為準繩；眼觀、耳聽、鼻之呼吸、口之吐納、

舌之頂齶，也操之於大腦。所以在練太極拳時，頭部要保持自然正直，不偏斜，不搖晃，要有輕鬆靈活之意，如此則振作精神，眼不怒視，眉不緊皺，口宜閉不宜張，牙不緊咬，用鼻呼吸。

總之，頭部作用在於提起精神，常保持尾骨上翹，與下頷微收垂直遙對。兩眼平視前方，做到「尾閭中正神貫頂，輕身靈活頂頭懸」，是頭型中正懸頂的作用。

2. 肩

肩為上肢三節之根，手、肘、臂之發力，全由肩起作用。肩部之鬆弛，可使全身之勁力傳送到手，發達於敵身，其竅只要鬆開肩膀，隨之兩腋肋鬆放，並在動作時加以意念，由腋肋鬆衍至足心湧泉，此刻趾高氣揚與人生之天賦固有功能相合，氣血便會從湧泉達於肩井穴，全身之力皆由此達至四梢。

然聳肩緊力之毛病，是所常見之弊端。聳肩是一種不良姿勢，是鬆肩之大敵。聳肩者胸部緊束，會有不舒服感覺，並且影響動作的靈活性，因此必須注意克服。

3. 肘

肘是手臂中間一活動關節，身之勁力由肩，還須經過肘，才能至於手。肘關節僵硬有力，會產生阻滯，使氣血不通利，影響勁力通達手梢，因此肘要沉。

沉肘是使肘下垂，有投物於水中沉下的感覺。但切忌露出明顯下沉的形態。老拳譜曰：「肩鬆氣到肘，肘沉氣到手，手心一空，氣到指尖。」練習垂肘，意念只想鬆虛曲池穴，肘即自然下沉。

4. 手

或拳或掌或鉤是也。太極拳式中掌多拳少，伸掌、握拳切忌僵硬緊促，手指要有舒展之意。手不用力，意鬆八邪，脹滿十宣，掌心吐力。

握拳時要有鬆柔之意，用意不用力，只要從小指、無名指、中指、食指依次蜷曲，以拇指梢節壓在食指及中指的中節上即可。發勁時裡鬆外脹，所以，太極拳之拳是空心拳。

5. 胸

胸部略有內含，使胸腔與肺臟之間寬鬆，目的在解除胸腔的緊張。胸部有含蓄之意，是使胸部更好地保護內臟，使身軀活動靈便，並富有彈性力。如挺胸則拿不起腿來，一含胸腿就很靈便。含胸時下頦意向前上，腿就想往前走；下頦意微後收，腿就想後撤步。

太極拳之含胸，從外形上看不出來，看出來便是挺胸或凹胸。這是違背生理衛生的姿勢，且不符合太極拳之含胸原則。有人練成凹胸駝背，是因對含胸認識不清，極力使胸腔明顯地向內吞縮，結果使心肺受到壓迫，呼吸短促，久之就成羅鍋了。

含胸的練法，兩肩微向前扣下落，導引兩肋垂直向下流通，行功會有兩股熱流向下，以意引到臍下即可，這也是任脈疏通運行之途徑。此即「空胸實腹」、「上虛下實」、「西山懸磬」，這時會感到胸中舒坦，腹內暢快。

所以含胸之身型，不能丟，不能變，這在太極拳中是非常重要的原則。

6. 背

是指脊背，即脊柱骨大椎往下至神道這塊地方。

拔背之意，在使脊骨兩側肌肉放鬆，導致背部氣血暢通。其功能可使脊柱端正，發揮其軀幹支柱作用，身體自然而靈活。

拔背是一自然狀態姿勢，不是前俯後仰，也不左歪右斜。

拔背的練法，是以兩肩向後卷落，感覺氣貼脊背；而後留意於背，保持拔背姿勢形態。

7. 腰

老拳譜云：「腰脊為第一主宰。」太極拳於腰特別重視，太極拳第一步功，即要求身體完整，周身一家，上下相隨，進退一致，其作用主要在鬆腰，所謂「活潑於腰」。凡動作上下不協調，全身不完整，其病在不能活腰。

鬆腰的練法，即注意腰部的鬆弛，使整個腰部肌肉沒有絲毫緊張現象。只要以意識使小腹收斂，腰部就能自然放鬆。拳譜云：「丹田為第一之賓輔」、「刻刻留意在腰隙」。腰隙即指命門穴，命門後坐，尾骨自然上翹，腰部也自然鬆垂。

太極拳之腰輪平轉，就是要轉腰腎，以腰催動手足，靈動敏捷。鬆腰的顯著作用，是在任何情況下，均可以穩定重心。如身體受到外侵，處於搖擺不定時，只要用意念一想收小腹，即可恢復平穩狀態。這便是「丹田為第一賓輔」之要義。

8. 臀

太極拳要求收臀（斂臀也叫溜臀），這一規則與含胸、拔背一樣重要。有些學者難於進功，就是不懂收臀，影響了全身運動的統一，從而消弱了身體的靈活程度，失去拳術大部分作用。收臀與拔背是相呼應的，它的作用是使身體達到平衡穩定，臀下溜尾骨自然上翹，脊柱也正直了。收臀之目的，就是使臀跟脊背成一條直線。

收臀的練法，用意念把腰和臀部往下鬆弛，尾骨往上翹，收腹。保持這一狀態，即為太極拳立如平準，中正安舒，不偏不倚，脊背三關自然得路也。

9. 胯

胯與腿起著支撐軀幹的作用，胯又承托骨盆的端正。胯能否平衡，決定骨盆能否端正。骨盆端正，身體也自然端正；骨盆傾斜，身體必然歪斜，這是人體生理所決定。胯的功能是保持步之進退一致平衡。

胯的練法，以意領運，邁進右步時，右胯縮收為虛，左胯前挺為實；邁進左步時，左胯縮收為虛，右胯前挺為實。此法熟至習慣後，即成自然，可達「邁步如貓行」，「虛實宜分清楚」，「周身節節貫串」等要求。

太極拳原則係以防人為主，而重保持自衛，能立身中正，則不涉偏倚，無傾倒之慮。保持身體正直，與鬆腰、收臀有密切關係。胯的練習還能增強腿部力量，既穩健又輕靈。退步與進步方法相同，唯方向相反。法為人體本能，練法重意運至，致胯抽縮功能加大，邁步也捷便。年邁之人胯的抽縮功能減退，故走路邁步很小。

10. 襠

太極拳運動中，有吊襠、裏襠兩種方法。使襠開撐圓，無論何勢法，何步法皆如此，則下盤輕而旋轉無滯。吊襠有提肛之意，裏襠為築步下根基之要訣。

吊襠之練法，依據前人寶貴經驗，即「地門常閉」，「緊撮穀道」，「收腹提肛」等，意思是經常注意輕輕收縮肛門的肌肉。照此法練習，養成習慣行為，至提肛時感到會陰跳動，吊襠即成功。裏襠是以意識使兩腿對向相合裏，同時膝關節微微內收，膝蓋與腳尖上下垂直，達到「襠開一線」和「襠要圓撐」，穩固下盤的目的。

11. 腿

太極拳對腿的要求首先要做到虛實分清，其次要做到動作輕靈且有柔性，而後要達到腿部矯健穩定。腿和腳在太極拳中多為合論，言腿即附腳，踢腳即踢腿。腿腳的作用很大，每招式之動作轉換，都需要有腿腳來支援才能完成，可知腿在太極拳中的重要。一般武術動作，在一腿伸出的姿勢裡，都要求腿膝用力伸直，不許彎曲。

但在太極拳卻以自然伸直為主，同時又獨多屈膝坐腿的姿勢，它的主要作用與沉氣有關。太極拳要求氣沉丹田，丹田亦名氣海，在人身臍下三寸。臍為人體之中，沉氣於此則身有所主，久之精氣日聚，積於丹田，則身穩體壯，健身致用兩者有餘。然太極拳將人體分為天、地、人三節。頭居上為天，要虛領頂勁。丹田居中為人，要沉氣，主於實。腳為地居於最下，寄託全身之重量，在理應重而實輕。上下皆應輕靈，唯丹田之中獨宜實，所謂「氣

沉丹田」，係指全身之氣沉於丹田而言。然丹田以下之部分，如腿和腳俱被忽視，因不知底氣所用。丹田以上之氣，固下沉於丹田；然丹田以下之氣，若再下沉，不將沉於兩腳中否？如此練者多是兩腳著地類似全力下踏，即移步亦極遲滯，多因氣沉兩腳所致，屬不知下部之氣如何置於丹田。下部之氣升歸丹田之練法，唯圓襠提肛，趾高氣揚之法。趾高氣揚是天賦自然之法，唯要加意於腳趾即可達於丹田，其次用圓襠提肛方法，上提於丹田，於是上下皆輕，而重點全寄於丹田。此為「氣沉丹田」之真義。

12. 膝與腳

膝與腳的動作，屬腿部動作的一部分，多在腿內附帶，但有些動作，是以膝腳為主，以腿附之，故特列膝腳一項。太極拳裡膝腳配合技擊的動作，如提膝護襠、頂膝腳鉤、扣腳頂膝、擺腳跪膝等招式，都是以膝腳同時施用，而以腿附之。所以，太極拳裡有七星八步之原則，為太極拳中獨特之要求。

第四節　實用應敵之身法

1. 起　身

仰之彌高，非單講手法上乘，身法尤重。其要在項勁上提，脊骨具有彈性。

2. 伏　身

敵力下行，我隨之而俯，所謂俯之彌深。其要在黏衣機警。

3. 進　身

步不進而身法進以欺敵，使敵失其重心，謂之進身。

4. 退　身

退身，即所以進步，有緩化敵力之用。

5. 蹲　身

蹲身以備起發，即曲蓄之意。最顯著者，各種腿法，皆蹲身曲蓄以致用。

6. 轉　身

向後盤旋以備敵，皆回轉身，為敵多而用。

7. 翻　身

折疊身軀，變易方法，謂之翻身。恃身法轉折，不以手步之力，謂之別身。

8. 披　身

側身半伏如披衣狀，以避敵強硬之力，謂之披身。

9. 擰　身

扭轉身法，蓄而待發，謂之擰身。

10. 靠　身

以身法擊敵，謂之靠身。

11. 貼　身

緊貼敵身，使之無術避制吾力，謂之貼身。其要在近，遠則不足致用。

12. 閃　身

避敵力之直線，而側閃身軀，一閃即進，至靈至速。凡採挒時多之，其妙不可具述。

第五節　實用以身應敵之法

一、掌

太極拳法用掌處較多，掌法宜以自然舒展為主，因此手指不可用力併攏或撐展；同時，要以意鬆八邪穴，而十宣穴有脹覺即可，所謂「鬆八邪脹十宣」。用掌是整體動作的一部分，所以掌的虛實應與整體動作的虛實相配合。拳論云：「其跟在腳，發於腿，主宰於腰，形於手指。」指明腳、腿、腰、手動作相適應的完整性。

1. 下摟掌、前擊掌

掌法應用有撲、擊、推、按數勁。下摟掌屬防敵；前擊掌屬於攻敵，又可左右摟打，在掌法最為重要，有戰無不勝之稱，其用法甚多。茲言其要者，凡敵手進入我圈內，即以摟掌旁開，以拗手直撲其面（圖4-9）。

若他手來防，即順勁下摟，再以前摟之手作撲擊掌擊之（圖4-10）。

若摟開敵手，以拗手橫摜敵頭（圖4-11），而敵他手來防，即以橫摜手下摟，再以前摟手轉上橫摜（圖4-12）。

圖4-9

此種招法，一為直撲，一為橫摑，其妙在於不論敵用何種方法來擊，皆能勝之。

　　此式之根本，一手為防，一手為攻。其發手之遲速，視敵手之緩急為標準，而每能後發先至，連環不絕。昔有同志致力於此招五年，已所向披靡。

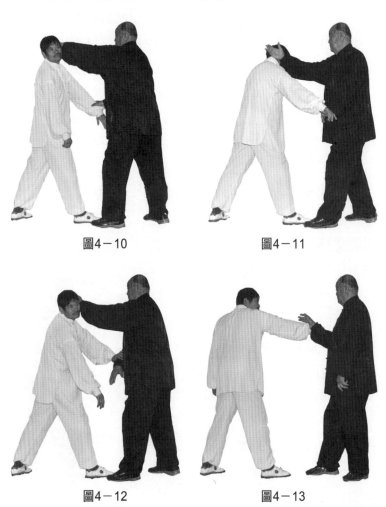

圖4－10　　　　　　　　　　　　圖4－11

圖4－12　　　　　　　　　　　　圖4－13

2. 手揮琵琶

此式化人、發人、擊人各法兼有之。

設我腕被敵所執，即順其執勁，向內或向外畫半圓圈，敵勁自化，我腕自脫（圖4－13）。化敵手後，進手推擲，即屬發勁（圖4－14）。

若敵手擊來，則順其來勁捋之或向斜後方捋

圖4－14

之，敵一前傾，即下扣其臂，而以掌向上撲擊其頭部（圖4－15），或中擊心窩（圖4－16），或下撩海底（圖4－17），此足以致敵死命。昔曾有用以致禍者，未可輕易逞快一時也。

圖4－15

圖4－16

圖4-17

3. 斜飛式

與敵手相搭，如為拗手，即以順手搬扣，隨以拗手衝擊敵頭部（圖4-18），或以順手挑起，隨以拗手反背掌擊敵頭部（圖4-19）。

如敵他手格攔，即纏拏其腕，騰手下擊敵小腹（圖4-20）。敵再下防，即變上提手擊敵頦鼻（圖4-21）。此式以反掌擊敵，腕用剛勁。

以上三法對於掌法之上中下左右各用法，俱多括之。撲擊、推按、摜撩等勁，亦俱完備，最便初習。

圖4-18

圖4-19

圖4-20　　　　　　　圖4-21

二、拳

拳在太極拳裡稱捶。太極拳法用拳打擊之動作有五，早先稱做太極五捶。

太極拳之握拳，初學時當握實拳，但不可握得太緊。功夫較深時，動作要分虛實，握拳也有虛實之分。虛拳要比實拳握得鬆些，即空心拳，這是用意不用力的練法。發拳時拳的空心越大，拳外之力也越大，非有真功夫不可，所以，初學時還是以多握實拳為宜。

拳之應用，向前者為擊面、擊心、擊襠三者，即玄關、中脘、下丹田三穴。擊面以立拳者，為撞勁，勁發自腰；以拳關節名為反背捶者，為砸勁，為顛勁，勁發自肩臂；擊心之拳，為鑽勁、點勁、衝勁、滾切勁，勁發自全身，以身催臂，臂催肘，肘催拳，一發而莫遏；擊襠之拳，為栽勁，為插勁，勁發自脊。凡此前擊之拳，貴沉著

而忌太過。欲得機勢，宜求之腰腿。向左右應用之拳，上
擊頭部者，用拳橫摜兩鬢，為摜勁，為砸勁。勁發自腰
脊。中擊腰肋者，為砸勁，勁發自肩背。中擊腕臂者，為
截勁，為砸勁，務須全勢下擊。向後用拳下壓敵臂者，為
壓勁，為合勁，進則衝擊。至各式變化，或挑、或格、或
鉤、或攔、或搬，則腕臂之勁始於足。

1. 搬攔捶式

太極拳有五捶，而搬攔居其一。此式應用，分上中下
左右前後七部，專主打擊。向裡搬扣敵手為搬，向外格攔
敵手為攔。上中下左右者，為拳擊之部位。前後中者，為
進退及原式不動之步法。應用時，有先搬後攔，有先攔後
搬等法。

設敵右手擊來，我即以左手搬扣，右拳前擊（圖4－
22）。敵手外逃，即順勁攔之，如當先攔時，右拳前擊
（圖4－23）。敵左手來防，即以搬攔之左手，向左攔

圖4－22　　　　　　　圖4－23

架，吃住敵肘上，右拳撤回再擊（圖4－24）。此先搬後
攔，兩次擊捶也。

　　設以左臂攔敵右手，以右拳前擊（圖4－25），敵若
以左手下按我拳，我即順勁以左手下搬（圖4－26）。此
時敵右手被攔，多反應下按，我用搬手絕不頂勁。右拳仍
係撤回再擊（圖4－27）。此先攔後搬，亦兩次擊捶也。

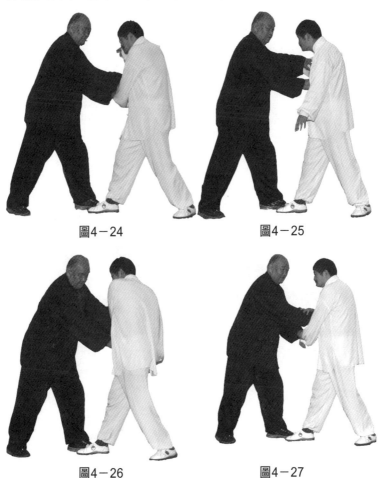

圖4－24　　　　　　　　　　圖4－25

圖4－26　　　　　　　　　　圖4－27

以上兩者，皆為兩次擊捶。在實用上一擊不中，再擊無不中者，此中大有研究價值。如不失機以同法再擊，多能命中。上中下左右搬攔捶，以所擊部位不同，則繼用招法有異。擊敵頭部者謂上，繼用之招如封似閉式最宜（圖4－28）。

擊敵胸腹者謂中，繼用扇通臂式為宜（圖4－29）。擊敵小腹者謂下，繼用抱手式（圖4－30）或提手式為宜（圖4－31）。

斜進左步，以左手向右搬攔敵右臂，以右拳擊敵右肋者，為右搬攔捶（圖4－32）。

以左手搬或攔敵之左臂，以右拳擊敵左肋者，為左搬攔捶（圖4－33）。

至若進步、卸步，或原式不動，則所謂前後中也。太極散手，更全部分左右之應用。

圖4－28　　　　　　　　圖4－29

以上僅就原式，以左手為搬攔、右手為捶說明。學者當以左右應用，一式一招務求實用，成為習慣，則於應用時，不知其然而然，神技矣。

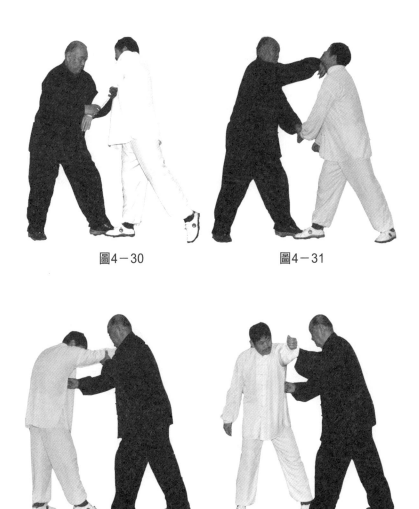

圖4-30　　　　　　　　　　圖4-31

圖4-32　　　　　　　　　　圖4-33

圖4-34

2. 撇身捶式

此式招法，重在撇身，而以擒拿法之應用解破為主。

設右腕被敵左手所擒，隨其下按之勁，以左手扣其手，折回右臂，向左肋後撤，成肋下交叉手（圖4-34）。

此時敵臂伸直，我即以肘搶壓敵臂，敵必負痛自倒（圖4-35）。然後再以撇身捶反背擊敵面部（圖4-36）。

他拳有此法，名曰搶臂，但恃力下壓。此則先化敵力，而後搶壓，固毫不費事。

以上兩式僅舉其大致，研究拳之實用，應從此始。

圖4-35

圖4-36

三、腳

太極拳腳法，也稱腿法，或稱腿腳法。腿腳的功能很廣，若使用得當，其威力比手臂大得多。拳論云：「手是兩扇門，全憑腳贏人。」太極拳腳法有七種，常用的有五種。

1. 分腳式

向左右以腳踢敵者用此式。無論黏近敵身與否，皆可用。

設敵右手來擊，即以右臂向外挑攔，起右腳踢敵右肋。此法簡而用無不中（圖4－37）。

2. 披身踢腳

此式當實用時，注意後步向後移動半步，以閃避敵之猛衝。披身以卸敵勁，待敵手至，即向外挑攔，起腳踢之（圖4－38）。

圖4－37　　　　　　　　圖4－38

213

圖4-39

3. 蹬　腳

敵手高來，或以高手擊敵時，皆可用蹬腳，不限於任何形式（圖4-39）。

4. 轉身擺蓮腳

設敵猛力直撲，或兩拳連環進擊，我俟其左拳來時，順其來勁，雙手向左後方閃身捋撒；同時，左步向右後方旋進，轉身起右腳擺踢，敵多被傷或仆倒（圖4-40）。

5. 裡合腳

設敵左拳來擊，即順其來勁向左捋採，俟其左步進前來，我以右手向右挑擲敵左臂，起右腳裡合踢敵右腳或腿（圖4-41）。

圖4-40　　　　　　　圖4-41

以上用腿腳數例，為初學所宜先致意者。凡用腳之法，多為及遠或敵多人，尤須輕靈不滯。

第六節 實用以藝應敵之法

1. 化 藝

順敵之力，而柔化之，使敵勁不加我身。化是以柔克剛的技藝。打手歌云：「任他巨力來打我，牽動四兩撥千斤。」就是指化藝之功能。習太極拳者應致力於化藝之研究與實踐，久日之苦，即可至達「引進落空」之趣味。沾連密貼，柔化為圓，化者，太極圓藝為用。

2. 發 藝

化敵之力，使之落空，稍定即順其回力之方向而發擲之。得時得位，發放為方；屈中求直，蓄而後發；圓中有方，方中有圓。打手歌云：「引進落空合即出，沾連黏隨不丟頂。」很完美地說明方圓剛柔之作用。

發勁時屈中求直，外方而內圓。柔化時蓄而後發，外圓而內方。應敵化發中，不斷地方而圓，圓而方；剛而柔，柔而剛；忽柔忽剛，亦柔亦剛，至達剛柔無跡可尋，方圓無形可見，是為達到妙手境界。得機得時，發放為方。發者，太極圓中有方為用，為以藝勝人。

3. 擊 藝

化敵之力，致出隅者擊之；或乘敵空虛弱點，不防不及處而擊之。何謂藝，懂勁熟招，運用自如，所向披靡，全不著相者藝也。學武術志在致用，太極拳應敵方法有

215

三：一曰化，化者破法；二曰發，發者摔法；三曰擊，擊者打法。太極拳中各法，皆包括在化、發、擊三者之中，且特重於化與發，而於擊法間亦用之；傳為三豐祖師之意「欲天下豪傑，延年益壽，不徒作技藝之末也。」然習太極拳術必須知其用，明其術，求其藝，所謂傳承中華傳統武術文化。

太極者，一陰陽，一動靜，進退上下，陰陽剛柔，皆相對之名詞，在應用亦相對聯用，所謂開合勁也。

此為循序漸進之初步，凡前後、左右、上下之往復，皆屬開合。如攬雀尾式，捋敵之臂，以散其勁，繼即為擠手或按手（圖4－42）。向上掤敵，繼即為推切手或按手（圖4－43）。上提手式，搭敵臂內含回撤，繼即提擊敵頭部（圖4－44）。順手搬扣敵腕，使之前傾，繼即運勁于腕向上提擊（圖4－45）。如封似閉式，格攔敵手，順勁撤化，反手前推（圖4－46）。手揮琵琶式，順敵來勁，撤化前推（圖4－47）。

圖4－42　　　　　圖4－43

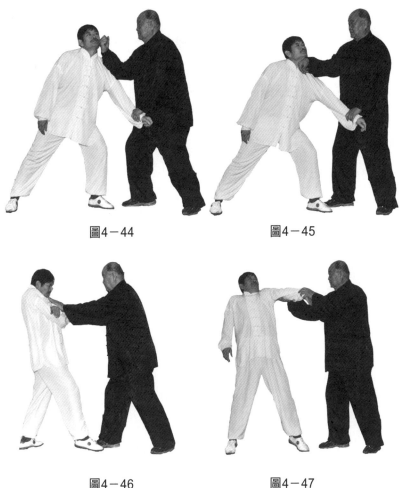

圖4－44　　　　　　　　　　圖4－45

圖4－46　　　　　　　　　　圖4－47

　　以上四式，其勁變化繁複，然不出開合往復之範圍，正所謂「一陰一陽之謂道」。太極拳論云：「有上即有下，有左即有右，有前即有後，如意要向上，即寓下意。」學應用只致力於開合二勁，能知隨敵之反應，則知所以黏走，千變萬化，皆由此生。

217

第七節　實用應敵之部位

太極拳法應敵有攻、防兩種方法，其擊敵部位含人身之全部，具體可分為上、中、下三盤。

上盤：指肩以上頭頸部位置。

中盤：指肩以下、胯以上軀幹位置。

下盤：指胯以下，至足部位置。

以上三盤，包括人身之全部，敵我皆有。我能制敵，敵亦能制我。太極拳含攻防兩種方法，上中下三盤皆有之。太極拳之手法其勁有八，散見於各式之中，其變化之妙數而無窮。其步法有五，所謂「五行變於足，八卦運於手」。凡上下、左右、前後、起落，身勢隨手步而變換，手步隨身勢而轉移。剛柔動靜，倚伏相尋，皆隨手法以為用。單式練習以達於熟招懂勁之域，故習太極拳須發揚其獨到之妙。先由姿勢以求招，復由用招以生勁。一手一指盡能自衛制敵，是為能用其勁。

學者應就性之所近，心之所喜，各擇一法或數法，日常依照太極散手練習應用之方，其成功至速。雖至少有一招之精，而豁然貫通，可以表現其真精神也。

第五章

太極散手三圓椿功法

三圓者，即以人身之中肚臍為磨臍，頭為上，足為下，左肋為左，右肋為右，胸腹為前，腰背為後，以意導引，依序畫圈為圓。若以前後左右畫圈者，謂之平圓；若前後上下畫圈者，謂之立圓；若上下左右畫圈者，謂之橫圓。

三圓椿功法，是太極散手內外兼修之功法，分內練、外練、散練三種形式。三圓功法內練為強根，以充盈真氣；外練為築基，以致招熟懂勁；散練為致用，以至階及神明。散練即所謂亂環，此功法於行、站、坐、臥姿勢，皆可行功，不拘形式，不限時間，隨時隨地任意而行功。即所謂行無形，藝無意，無形無意見真藝。

第一節　內練三圓椿功法

三圓椿功法內練以坐、站姿為主，是以意念在體內轉圈，導引氣隨意走，謂之內練。其練法，即以人身之丹田（氣海）為磨臍，肚臍為前上，命門為後上；會陰為前下，長強為後下；臍腹為前，腰腎為後；左軟肋為左，右軟肋為右；依序意導畫圈為圓。

219

如前自臍腹，經左軟肋繞到腰腎，過右軟肋達至臍腹，沿身前後左右平輪轉一圈，謂之平圓。

若前起肚臍，下通行會陰，經長強上升到命門，前達至肚臍。沿身腹上下前後輪轉者，謂之立圓。

若下自會陰，長強升啟，經左軟肋橫轉到肚臍、命門，過右軟肋下落到會陰、長強，沿身上下左右橫輪轉圈者，謂之橫圓。

三圓功法轉圈，又分正轉圈、反轉圈兩法，凡以順時針法為正轉法，以逆時針法為反轉法。正反輪轉其法相同，唯方向相反。內意三圓轉法，其圓可大可小，轉大無外，轉小無內，皆隨意而為之。然其身姿手法，三圓坐站有別，分解如下。

1. 轉平圓

若站姿練法，兩腳平行站立，距離與肩同寬，兩腿微屈。正身懸頂，口微閉合，舌頂上齶，兩眼平視前方近處，凝神守靜。各部位身姿，與身型要求相同，唯兩臂平伸環抱，兩掌心均向內，十指相對應，形如環抱圓物。此為站姿手法。正反轉手法相同（圖5-1）。

若坐姿練法，須盤膝坐定，心平氣和，志正體直頭頂懸。息腦淨思，兩目垂簾，眼不外視，耳不外聽。上身各部位姿態與身型要求相同，唯兩臂環抱於腹前，兩掌心均向內，疊按於丹田處。左掌在內按於丹田，右掌在外按於左掌背上，力求

圖5-1

自然鬆靜。此為坐姿手法。正反轉相同（圖5－2）。

2. 轉立圓

若站姿練法，身勢與平圓站姿時相同，唯兩手掌合抱於胸腹前，左掌在前，掌心向上；右掌在後，掌心向下，兩掌前後相距約一尺，掌心遙相對應。此為從前向後立圓輪轉之手法，亦稱反轉立圓法（圖5－3）。亦可右掌在前，左掌在後，其轉法相同，而手法有別。

若從後向前輪轉立圓，即以左手掌在前，掌心向下；右手掌在後，掌心向上，兩掌相距一尺，掌心遙相對應。此亦稱立圓正轉法（圖5－4）。亦可前後掌調換位置，其轉法相同，而手法有別，謂之兩儀也。

若坐姿練法，其身勢與平圓坐姿時相同，唯左臂屈肘，左掌在上，大拇指掐觸食指尖端，掌心向外；右掌置於小腹下，大拇指掐觸食指尖端，掌心向上。此為坐姿正轉立圓之手法（圖5－5）。

圖5－2　　　　圖5－3　　　　圖5－4　　　　圖5－5

3. 轉橫圓

若站姿練法，身勢與站姿平圓時相同，唯兩手掌橫抱於腹前，左掌在上，掌心向下；右掌在下，掌心向上，兩掌心相對，左掌大拇指貼於中脘穴處，右掌小指及掌沿貼於關元穴處。此為橫圓站姿正轉手法（圖5－6）。若反轉時，兩掌調換位置即可，其轉法相同，而手法有別。

若坐姿練法，身勢與坐姿平圓相同，唯兩手掌自然疊抱於腹前，左掌在上，掌心向上；右掌在下，掌心貼托左掌背，兩手大拇指尖端相接觸。此為橫圓坐姿手法（圖5－7）。橫圓正反輪轉，其手法不變。

內練三圓樁功法，無論平圓、立圓、橫圓，其正反輪轉都相同，正轉36圈為一度，反轉36圈為一度，如法正反各轉三度為一法。

日久純功，自能顯見平圓氣血通、立圓穀道通、橫圓水道通之效益，至達充盈真氣，築根健體之功能。

圖5－6　　　　　圖5－7

第二節　外練三圓樁功法

外練三圓樁功法，多以行站身勢為功，意念導引以內領外，內轉與內練功法相同，唯外姿有異，它是以手步運動為主，內意運轉與外姿運動及呼吸，三者配合緊密。

站姿多以開步或順步為主，也有時站虛步或獨立步為功。行姿是以活步移動為主，配合手法動作，即每一圓樁功法，有兩種身勢練法，一為站姿，一為行姿。練時可依個人體質及就性近、心喜之法擇選。篤志行功，其效獲益神速，是在人之自為而已。

1. 外練平圓

【站姿練法一】開步自然站立，或以順步、虛步、獨立步等自然站立，兩腿微屈。兩掌橫抱於腹前，左掌在下，掌心向上，置於關元穴處；右掌在上，掌心向下，置於中脘穴處，兩掌心相對，兩手掌距離腹體約一橫掌寬，切忌貼緊（圖5－8）。

然後以內領外正轉平圓，兩手掌由左後向前，再向右往後畫平圓。畫時左掌先動，右掌次隨之動，在腹前畫成兩個平圓。各種步型皆如此畫，此為正轉平圓法（圖5－9）。若反轉平圓，即改為左掌在上，右掌在下，畫法相同，唯方向相反。

圖5－8

【站姿練法二】身型、步型、手法皆與練法一相同，唯平圓畫法不同。此為兩手各自畫平圓，一手向前畫，另手向後畫，各畫正轉平圓。兩手畫至腹前中線時上下交叉運行（圖5－10）。反轉平圓畫法相同，唯運行路線方向相反。

行姿練法與站姿之身型、步型、手法、畫法皆相同，唯步法不同。

【行姿練法一】左足後撤一步，左掌隨之向後撤畫，右掌次繼隨畫。接著左足前上一步，兩掌隨之向左前平畫，繼向右往後撤畫至腹前。左足隨即後撤步，兩掌隨之向左後平畫。如此往復平轉圈不停。此為行姿正轉平圓（圖5－11）。反轉平圓動作相同，唯手法、步法左右方向相反。

【行姿練法二】開步自然站立，身型、步型、手法與練法一相同，唯畫法不同，兩手畫圓法與站姿練法二相同

圖5－9　　　　圖5－10　　　　圖5－11

（圖5－12）。

2. 外練立圓

開步自然站立，順步、虛步、獨立步皆可施用，唯兩腿微屈，以防老腿。兩掌合抱於胸腹前，左掌在上，臂微屈前伸，掌心向下，高與肩平；右掌在後，屈肘上托，掌心向上，高與臍平，兩掌心遙相對應，右掌置於左肘內側下方。此為正轉立圓之手法（圖5－13）。

正轉立圓手法單一，畫法有二：

其一，以兩掌向前下落，降至腹褶處，即向後畫貼下腹，沿腹中線上提至臍上中脘處，再向前推畫至原手法勢，如此反覆上下前後畫圈不停。

其二，以兩手掌向前下落降至腹褶處，即向後畫貼下腹，沿腹中線上提至肚臍處，即以右掌心向下，左掌心向上，兩掌由中脘處向前推畫至原手法勢，唯右掌在前，左掌在後，與原手法有異（圖5－14）。

圖5－12　　　　圖5－13　　　　圖5－14

接著兩掌向前下落，降至腹襠處，依前法畫圈至中脘處變為左掌在前，右掌在後，復成原手勢。如此左右兩掌前後互換畫圈，往復不停。

若反轉立圓畫法，即以左掌在前，掌心向上；右掌在後，掌心向下，兩手姿勢不變，唯兩掌陰陽調換，畫法與正轉相同。兩掌也可前後互換位置。立圓畫法相同，而手法有異，即謂兩儀也（圖5－15）。

若行姿，練法與站姿練法之身型、步型、手法及畫法皆相同，唯步法不同。站姿為定步不動而手法動作變化；行姿則以活步走動為主，以進步或退步，斂步或卸步，配合手法畫圈運動而變化步法。

行姿練法無論正轉或反轉立圓，何種手法、畫法，都以向前推畫時即用進步（圖5－16）；向後撤畫時，即用斂步或卸步（圖5－17）。此為行姿立圓正反轉畫法。若須左右步互換時，即用退步法，以退為進（圖5－18）。

圖5－15　　　圖5－16　　　圖5－17　　　圖5－18

3. 外練橫圓

開步自然站立，或以乘騎馬步、弓步、同，不再贅述。坐步等皆可行功，唯身型要求與平圓、立圓站姿相其手法是以兩臂下垂環抱於腹前，兩手掌十指相對，約距五寸，兩掌心向上抱托，形若懷抱一物。此為外練橫圓之手法（圖5－19）。

站姿橫圓畫法，有雙手正反橫圓畫法、單手各自正反橫圓畫法兩種練法。

若雙手正反畫橫圓，即由橫圓手法勢起，兩掌心向上同時向右擺畫，至右掌心

圖5－19

向下時（圖5－20），兩掌向上畫弧至頭頂上方，左掌心向後，右掌心向前（圖5－21）。接著向左擺畫至左掌心向上、右掌心向下時，兩掌與肩齊平（圖5－22），即向

圖5－20　　　　圖5－21　　　　圖5－22

227

下落降於腹前，兩掌心復向上抱托（圖5－23）。此為一圈。如此反覆畫圈，即為正轉橫圓畫法。若以法反方向擺畫，即為反轉橫圓畫法，動作相同，方向相反而已（圖5－24）。

　　若單手各自正反畫橫圓，也從橫圓手法勢起，即左手掌先動，由下向右經體右側向上提掛，掌心向內，至頭右上方即向左擺畫，過頭頂至身體左側肩上，即臂外旋落平，掌心向下；同時，右掌由下向左經體左側向上提掛，掌心向內至右肩前（圖5－25）。

　　接著左掌下落降至左胯外側，即向右擺畫至下腹前；同時，右掌向上提至頭左上側，再向右擺畫至頭頂上方，掌心向後（圖5－26）。

　　接著繼以左掌由下向右經體右側，向上提掛至右肩前；同時，右掌向右擺畫，過頭頂至身體右側肩上，即臂外旋落平，掌心向下（圖5－27）。

圖5－23　　　　　　圖5－24　　　　　　圖5－25

　　如法反覆兩掌各自畫圈，即為正
轉單手橫圓畫法。若按兩掌正轉橫圓
畫法路線，而反方向擺畫圈者，即為
反轉單手橫圓畫法，動作相同，唯方
向相反，故不贅述。

　　若行姿練法，其身型、步型、手
法、畫法等皆與站姿練法相同，唯以
開步、並步、上步、退步等步法為運
動特點。

圖5－26

　　【練法一】無論雙手畫橫圓，或
單手畫橫圓，若行姿步法用開步及並
步行功，凡以兩手由上向右畫圈時，同時右步即向右開步
跨進（圖5－28）；凡兩手由下向左上轉右擺畫時，即左
步向右步並進（圖5－29）。此為反轉橫圓畫法。若畫正
轉橫圓，動作與此相同，唯手步動作方向相反。

圖5－27　　　　　　　圖5－28　　　　　　　圖5－29

229

圖5-30

【練法二】若行姿步法以上步和退步行功，凡左手掌由內向上往左外擺畫；同時，右手由下向左上提掛時，即以左足向前上步（圖5-30）。若以右掌由內向上往右外擺畫；同時，左掌由下向右上提掛時，即以右足向前上步（圖5-31）。此為行姿正轉橫圓畫法。

若以左掌由外向右下摟畫；同時，右掌由下向上擺畫時，即以左足向後退步（圖5-32）。如右掌由外向左下摟畫；同時，左掌由下向上擺畫時，即以右足向後退步（圖5-33）。此為行姿反轉橫圓畫法。謂之以退為進。

【練法三】若左掌由下向上提掛，上過頭頂，撐身或退步向後外擺畫；同時，右掌也隨之向左擺畫，即為退

圖5-31　　　　圖5-32　　　　圖5-33

步閃身（圖5－34）。此法左右相同，
唯手步動作方向相反。

第三節　散練三圓椿功法

三圓椿功法散練，即以平圓、立
圓、橫圓三圓之畫法，配合行功，依規
矩而不守規矩，隨意變化著畫，即所謂
亂環。

圖5－34

散練依照兩種姿勢行功，一為站
姿，一為行姿。站姿行功以開步、順步、拗步椿立不動，
以擰身轉腰變化手法及畫法，所謂「陷敵落入亂環內」。
行姿行功即依靠上步、進步、退步、卸步等步法，靈活移
動身軀來配合手法畫法運動，所謂「上下隨合妙無窮」。
其要在「手腳齊進橫豎找」。

一、站姿練法

即以開步、順步、拗步自然站立，取任何一站姿皆可
行功，而手法則一，畫法有二，可任意變化著行功，正反
轉畫法亦隨心所欲。

其手法為兩掌橫抱於胸腹前，與前橫抱掌相同。畫法
與前雙手橫圓畫圈和單手各自橫圓畫圈相同，唯三圓變
化，隨心所欲，隨機應變，但練法規定一圓法，演變不過
三圈。如畫平圓或立圓，無論正轉或反轉，畫法變化為三
圈以內必有變，即畫一圈或兩圈，也可隨心隨機應變。若

行功，切以三圈演變法為練。而演變順序亦為平圓變橫圓，橫圓變立圓，立圓變平圓；再以平圓變立圓，立圓變橫圓，橫圓變平圓，演成六個變合，謂六沖六合。

1. 站姿平圓畫法

站姿以開步、順步、拗步皆可，畫法相同。以兩手掌橫抱於胸腹前，無論雙手畫圈或單手畫圈，皆由此手法始起。若雙手畫圈，即兩手掌自胸腹前，由左向前轉向右向後畫圈（圖5-35），至胸腹前為一圈，此為正轉。反轉畫法相同，唯方向相反。

畫三圈即變單手畫平圓法。當雙手平圓畫至兩掌貼近於胸腹中線時，右掌微停於胸腹右側，左掌不停繼續畫圈，由左向前畫至遠離胸腹；再向右向後畫圈時，即以右掌自中經左向前畫圈，於胸腹前與左掌上下交叉各自畫圈，兩掌心相對（圖5-36）。此為正轉。反轉動作相同，唯方向相反。畫三圈後即變為雙手畫圈，依此畫法三圈一變復，持久行功。

圖5-35　　　　　　　圖5-36

2.站姿立圓畫法

即由雙手平圓畫法變化為立圓畫法。當雙手平圓至胸腹中線，兩掌相對時，即以兩掌同時向前向上畫圈，右掌在上，左掌在下，左掌位於右肘內側。當兩掌上畫至極限時，即向後向下畫圈，至胸腹前再向前向上畫圈。如法複畫不停（圖5－37）。此為體右側正轉雙手立圓畫法。反轉畫法相同，唯方向相反。

立圓畫法，可於身體左右兩側行功，畫法相同，唯領手有異。即體右畫圈時，右掌在上領畫；體左畫圈時，左掌在上領畫。左畫三圈，變右畫；右畫三圈，即變單手立圓畫法。當雙手立圓畫至兩掌於己肋腹側時，右掌於肋側微停，左掌繼續向前畫；俟左掌由前向上畫時，右掌隨向前畫並同時各自畫立圓（圖5－38）。

如法畫之不停為功，或畫三圈即變雙手立圓。此為體右正轉單手各自立圓畫法。左側畫法相同，唯以左掌領

圖5－37　　　　　　　圖5－38

畫。反轉畫法相同，唯方向相反。

3. 站姿橫圓畫法

由雙手立圓畫法變化為橫圓畫法。當雙手立圓兩掌畫至向上往後畫時，即變往後轉為向右畫圈，至極限再向下，向左經體腹前至體左側，轉向上向右畫圈，如法往復畫橫圓（圖5-39）。此為雙手正轉橫圓畫法，反轉畫法與此動作相同，唯方向相反。雙手橫圓畫三圈，即轉變為單手橫圓畫法。

單手橫圓畫法，是於體左右兩側穿掌換畫，左右動作相同，唯體左側畫以穿左掌領畫，體右側畫為穿右掌領畫。其練法：當雙手橫圓畫至體左側向上畫時，即以左掌上畫，右掌穿掌於左肘後近腋處，即向上挑領，左掌隨落降於右肘上側，繼隨身軀向右擰轉，兩掌向後畫圈，至右臂落降與右肩平，掌心向下，左掌畫至右肩前，掌心向內（圖5-40）。接著兩掌向下畫圈至胸腹前，右掌向上領

圖5-39　　　　　　　　圖5-40

畫，左掌穿掌於右肘後近腋處，向上
挑領，右掌隨落降於左肘上側（圖5－
41），隨擰轉身軀向左後畫圈，至左臂
畫落至與左肩平，掌心向下，右臂畫至
左肩前，掌心向內，再下落向右畫圈。
如法反覆左右換畫。此為單手各自橫圓
畫法。左右畫三圈後，即可變化畫法，
或平圓，或立圓，皆隨心所欲。

二、行姿練法

圖5－41

其身型、步型、手法、畫法，皆與站姿相同，唯步法
有異，是以上步、進步、退步及卸步等步法，靈活移動，
配合手法與畫法，做到「上下相隨人難進」，「上下隨合
妙無窮」。這便是散練三圓樁功法之目的和要求。《亂環
訣》云：「欲知環中法何在，發落點對即成功。」此訣要
所得，須於散練功法變化中求取，於實
踐中找準發落點，掌中用空落不空是為
真得。

1. 行姿平圓畫法

其身型、步型、手法、畫法皆相同
於站姿，唯在畫圈中有活步相隨。若雙
手畫圈時，凡兩掌向前畫圈發落，皆以
進步、上步相隨（圖5－42）。若為向
後畫圈發落，即以退步、斂步相隨（圖
5－43）。此為行姿雙手平圓畫法，正

圖5－42

235

反轉動作相同，唯方向相反。

若單手各自畫平圓時，凡以左掌向前畫圈發落時，即左足進步；同時，右掌向後畫圈，右足跟步虛提（圖5－44）。接著右掌向前畫圈發落時，即右足落實，左掌向後畫圈，左足斂步虛提（圖5－45）。此為行姿正轉單手平圓畫法，反轉動作相同，唯左右手步方向相反。

總之，行姿雙手平圓畫法，是以進步與上步為基本步法，向前畫發前步為實，跟步為虛；向後畫落以退步為實，斂步為虛。即畫平圓時，前後虛實變換。而行姿單手平圓畫法，即為左右虛實變換。同時，畫圈時應同進身、貼身、退身、閃身及擰身等法相隨。務須純熟行功，並在實踐中隨機應用，非空談所能得者。

2. 行姿立圓畫法

由行姿平圓畫法演變為立圓畫法，其身型、步型、步法、手法與行姿平圓動作相同，唯畫法與步法、身法配合

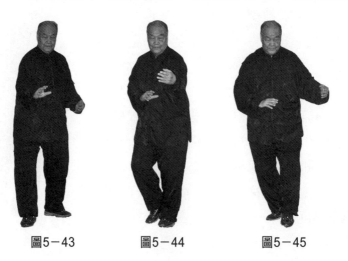

圖5－43　　　圖5－44　　　圖5－45

有異。

其步法與手掌的配合密切，當兩掌向前上或向前下畫圈時，即以進步、上步、進身、貼身之法相隨（圖5－46）。

若向後上或向後下畫圈時，即以斂步或卸步，退步及退身，閃身及擰身等法相隨（圖5－47）。此為行姿正轉雙手立圓畫法。反轉動作相同，唯手、步方向相反。

單手立圓畫法是由雙手立圓畫法轉變而來，當雙手立圓畫至右掌於右肋處，右掌微停，左掌繼向前向上畫圈；當左掌由上向後畫時，同時右掌由下向前畫；繼左掌由後向下畫時，右掌隨即由前向上畫。如法左右兩掌各自畫立圓。

此畫法與站姿單手立圓相同，唯於畫圈中要以進步、跟步以及進身諸法相隨方為行姿。當以左掌向後畫時，即以閃身擰身相隨（圖5－48）。

圖5－46　　　　圖5－47　　　　圖5－48

當右掌向後畫時，左掌隨向下畫，隨以退步、退身，卸步或閃身相隨（圖5－49）。

此為行姿正轉單手立圓畫法，反轉與此相同。行功中左右進步或退步，以順為尤，拗步亦可行功，總以得機勢隨心所至，達我順人背為準。

3. 行姿橫圓畫法

此畫法有其獨特之處，除身型、手法與前述橫圓相同外，其畫法、步法皆有所不同。

其練法以開步自然站立，兩手掌橫抱於胸腹前，左掌在下，掌心向上；右掌在上，掌心向下。隨以兩掌向右擺畫至體右側胯外，再向右上提畫至頭右上側，右足即向右橫移半步（圖5－50）。

隨即向左擺畫，過頭頂至體左上方，再向下落降於體左側胯外，欲向右擺畫時，左足向右橫移半步（圖5－51）。

圖5－49　　　　圖5－50　　　　圖5－51

　　當兩掌向右擺畫至胸腹前，此為一圈。繼之依法畫圈，即為行姿正轉雙手橫圓畫法。反轉畫法動作相同，唯手、步動作方向相反。

　　單手橫圓畫法是由雙手橫圓畫法轉變而為。當雙手橫圓畫至胸腹前時，即以左掌向上往左向下畫圈，此時右掌即經腹前由左向上畫圈；同時，右足向右橫移半步。當右掌畫至體左側時，與左掌於體左側上下交叉畫圈，兩掌心相對。繼左掌落降至腹前，右掌上畫至頭頂右側（圖5－52）。

　　接著左掌由腹前經體右側向上畫圈，右掌由體右側向下落降，與左掌在體右側上下交叉，兩掌心相對；同時，左足向右橫移半步（圖5－53）。接著右掌落降至腹前，左掌上畫至頭頂左側。

　　如法反覆畫橫圈，即為單手各自橫圓畫法。此為正轉，反轉畫法動作相同，唯手、步運動方向相反。

圖5－52　　　　　　　　　　圖5－53

行姿橫圓畫法，有兩手兩勁法之妙。橫圓中含有提、掛、雲、領、滾、挫、推、擲八勁法，又含有掤、捋、按、擠、採、挒、肘靠八勁法。學者須於行功中細心體會，領悟掌握，自有神妙所獲。

行姿橫圓畫法不僅為橫步，可於進步、退步、上步、卸步五步中應用，並默契三圓變化。總之步法前後左右移動，擰身轉身變向，即所謂「五行變於足」。

諸勁法於橫圓中一向雙運，即為太極拳之手法，其勁有八，即所謂「八卦運乎手」。

凡一舉動，無不如此。上下左右，前後起落，身勢隨手步而變換，手步隨身勢而轉移；剛柔動靜，倚伏相尋；手法之變化，固不可方物；斯為散練也。

第六章

太極拳推手

第一節 太極推手起源與發展

推手，原稱「打手」或「搭手」，亦稱「靠手」，各派武術家多有之，以練習近身用招之法；單推手、研手門、「靠手」、「五行手」（其手分金、木、水、火、土五者，互相生剋運化）多用之。

太極拳推手，自楊式太極拳盛行以來，在太極拳各學派交流實踐中逐步發展起來，並更名為「推手」。太極推手已成為通俗的名詞。太極拳推手是太極拳各學派在繼承歷代民間武術技擊方法——「對打」（現稱對練）的基礎上，加以發展的一種獨創性的競技運動。

根據「太極兩儀，有剛有柔」的理論，綜合性地繼承並發展了太極拳化、發、擊三種應敵方法，以沾、連、黏、隨和掤、捋、擠、按相互生剋之法循環運動，是太極拳推手的中心內容。

遵循王宗岳「太極拳論」的理論指導，要求動靜、剛柔、虛實、輕沉、遲速兼備；又要陽不離陰，陰不離陽，陰以陽為主，陽以陰為根，達到剛柔摩盪，陰陽相濟的懂

勁地步;再進一步要求達到忽陰忽陽,陰陽無跡可尋的神明階段。

太極拳賢聖祖師王宗岳傳授的《打手歌》云:「掤捋擠按須認真,上下相隨人難進。任他巨力來打我,牽動四兩撥千斤。引進落空合即出,沾連黏隨不丟頂。」即是對太極推手之高度概括和總結。

19世紀中末期河北永年武禹襄、李亦畬師徒兩人,在太極拳理論和推手練法的發展過程中都起了重要作用;同時陳家溝陳仲牲及陳鑫也闡發了陳氏太極拳和推手理論。繼後有河北宛平人許禹生先生,以楊氏班侯、健侯,劉氏德寬,宋氏書銘為師,先生集各派之精華,於太極拳卓然有所樹立。先生幼從劉德寬師學單推手,甚有心得;嘗取太極拳各姿勢,參酌各家,一一為之規定練法,編成推手術,以輔原來四正、四隅各方法之不足。

諸前賢根據各自修煉太極拳經驗,寫下了總結性的太極拳和太極推手的論文與練法。這些拳論拳法傳抄廣泛,成為近代練太極拳和推手者的實踐綱領,為太極拳習練者升階有級、入室知門指明方向。

太極拳術,以懂勁為拳中要訣;而懂勁以使皮膚富有感覺力為初步。推手是兩人搭手,肘腕掌指互觸,推蕩往來,以研磨皮膚(由皮膚觸覺,壓迫溫涼之感覺)和內體神智靈敏性,來察知對方勁之輕重、剛柔、虛實及運動方向。久之感覺靈敏,黏走互助,微動即知,始知懂勁。

《太極拳經》曰:「懂勁後愈練愈精。」依照「沾連黏隨,不丟不頂,無過不及,隨屈就伸」的原則,運用

掤、捋、擠、按、採、挒、肘、靠八法和勁別，以化、發、擊三法應敵而不空，此為真懂勁。學太極拳者，不習推手等於未習，習推手而未懂勁，應敵招勁落空，則運用毫無是處。學者於推手法應加以重視。

太極拳練習，原來就和推手相輔而行，在練拳的同時，若再練推手，則既可將練姿勢得來的勁別運用到對方身上，同時又可以檢驗練習姿勢功架的正確程度，便於糾正、充實其姿勢和動作的連貫應用，從而使太極拳技藝得到發展。

第二節 太極推手八法、八勁淺釋

1. 掤

太極功搭手訣，逆敵之勢承而向上，使敵力不得降者，皆謂之掤。《太極四正訣》云：「掤勁含剛堅，乘龍欲上天。」掤勁於吾身如皮球中蓄氣，用力按之則此按彼起，膨滿不已，令力不得下落。彼按力大，我掤勁亦大；彼不按無力，我仍有意蓄勁在身。

正如太極前賢總結之曰：「彼有力，我亦有力，我力在先。彼無力，我亦無力，我意仍在先。」凡與敵接觸之初，出手應隱含掤意，身蓄掤勁，以備化用。掤者，向外之勁宜上用，外柔內剛，向上可掤起敵人，向前可使敵難進。用勁有度，過與不及皆非也。

掤勁屬水，四正方中居北方。掤法一舉動，唯手臂先著力。但掤勁非用手臂之力，須用腰腿加蓄意，使敵不易

攻入。如敵有上步進意，其機一動，我即迎而掤之，敵必
難進自退，或失其重心。掤之後隨敵勁勢用化，或發，或
挒，或按，或擊，唯心所欲。但化走敵勁，切忌僅用兩臂
膊，須全身變化，所謂「一舉動無有不動」。若僅用腕臂
化敵，苟或丟頂失機，必為敵制，故「獅子搏兔，亦用全
力」。其他各勁亦應以相遂，因時而用。

2. 捋

太極功搭手肘，凡敵掤擠我肘，用捋字訣以舒散其
力，使敵騰散而不得復聚者皆是。《太極四正訣》云：
「捋勁剛中柔，顧後又防前。」

捋勁屬木，四正中居東方。順敵來勁以捋之，不限於
向後。凡感覺其勁所至之方向，而能用捋法者，皆可捋
之。蓋未捋之前，經常先用掤勁、按勁，而引出敵之反抗
頂勁，有此頂抗力，最適宜用捋。故用掤按時，其繼用之
法，應預伏捋勁。敵若不省柔化，多以挑架格攔抵防，我
則順其勁，可充分發揮捋勁之能力；捋勁得手，則依次繼
發之手，每輕靈無滯而不費力，深合「引進落空合即出」
之定義。捋法，兩手以一手用掌緣近處沾敵腕部，一手用
掌或用肱部黏敵臂，沾黏勁捋敵腕臂，此為捋之手法。

然捋敵之關鍵，全在腰腿與意氣，而非手臂也。凡捋
敵至人背己順時，即坐腿鬆胯，轉腰而捋發之；更須全身
精神貫注，眼神尤須注視對方，捋倒對方也須注視勿怠，
即所謂「勁斷意不斷」。

3. 擠

太極功與人交手，凡以手或肩背擠住敵身使之不得

動，從而推擲之，皆擠也。《太極四正訣》云：「擠乃柔中剛，發勁莫遲緩。」擠勁屬金，四正中據西方。擠由化生，凡擠之前應先畫一圓弧，而後擠之。擠時手臂、脊背須含胸圓撐，並借腰退勁，加以意氣。其勢應圓滿，身正懸頂。擠法亦用於敵捋已後，先須伏意任彼捋足，而變擠擠之，唯上身勿前仆，免失重心。

4. 按

太極拳術遇敵擠進時，用手下按，揭抑以制止，使之不得逞，謂之按。《太極四正訣》云：「按勁坤柔順，從人自不難。」

按勁屬火，四正中據南方，其勁意在眉間玄關。按法非用兩手力下按，是以兩手輕輕黏扶敵身，借腰腿之落屈伸展，手臂黏隨蠕蠕按推。按勁含有化法，即內伏三圓畫圈之功，如僅直按，既失效用，而反為人制。則若向左化按，則左虛右實，眼神注視左下方，引敵落空。虛為引實即發。右化時左實右虛，其法相同。按勁成功者，敵多自動傾仰跳跌，我卻毫不費力。

5. 採

太極拳以採制敵之動力為採。如靜坐家抑取身內之動氣，為採取也。《陰符經》曰：「天發殺機，悟此則思過矣。」採法，即以手執敵之肩肘腕部，破壞敵之順合，使之錯節變合為沖，則可使敵之內氣滯止，即為採法。所謂採勁是採敵之機勢之動氣，使之不得逞。

採勁得勢，可使敵頭昏眼眩，拔跟倒跌。然凡用採勁非僅用手，用手則功效小，須用腰腿身法隨之：眼神下

視，沉腰坐腿。《太極拳經》云：「仰之則彌高，俯之則彌深。」則此謂也。

6. 捌

太極拳以轉移其力，還制其身，謂之捌。又捌去之意，凡以招法致敵順勢反背，拗挶倒跌，皆為捌法。捌法多含擒拿折撅手。如己在傾仰勢背時，欲使轉順，即須運用捌法。

其法用以一手按住人臂，另手用手背反捌敵之領際項頰，使敵後仰傾跌。即以己身傾仰，還彼身仰跌，所謂吃啥還啥。此即功深藝高者所能為。

7. 肘

臂中部彎曲處之骨尖稱肘。拳術家以此處擊人，為肘打。太極拳用肘之法甚多，如「肘在屈使」，「遠用手，近用肘」等。僅就太極推手所應用者略述及之。

以手之拳掌擊人，太遠易犯手不到而勁斷之病，過近則勢閉而不能發擊，故在近距離手擊不得勢時，唯有用肘為佳。肘為身之二門，較手為短，發之得勢；較手為猛，可直擊要害部位，是為毒手。大掮中之肘，含於敵掮己時，以肘還擊之。推手中之肘，含於分開敵手之時，一手執敵手，一手用肘擊敵胸心。此勁法雖屬兇猛，然用不得其法，反為敵借勢。

8. 靠

太極拳近身時，以肩胯擊人曰靠。有肩靠胯打之稱。靠勁在足與胯合時，為胯打；胯與肩合時，為肩背打。靠勁最重要者，是變臉眼神回看。若右靠，眼神回看己左

肩，靠勁即已發出；左靠亦然。靠乃以肩靠人之胸口，其勢更厲。用於己身與敵距離更近之處，肘所不能發擊時。靠須己身中正，肩與胯合，胯與足合，以腰腿勁加意氣靠之，或上或下隨機而行。靠在大捋中用之甚多。靠時應須留意防護自己面部，及靠之側手臂。故靠時另一手須護於靠之手臂肘彎處，以防不測。

太極拳推手雖有八法八勁，而基本功夫則以四正推手為尚。《打手歌》曰「掤捋擠按須認真，上下相隨人難進。」《八字歌》曰：「掤捋擠按世間稀，十個藝人十不知，採挒肘靠更出奇，行之不用費心機。」從前賢之拳經拳論中可看出四正與四隅的主從關係。

太極四正推手掤捋擠按，意義極其深奧，各手之間均能相生相剋，其中含有五行精義。五行者金木水火土相生相剋，變化無窮。然此掤捋擠按為四正，即水木金火四行，而其中還有一「化」字，屬中土，合成五行。此「化」為太極拳應敵方法之一，無「化」不為太極。《太極四正訣》云：「混沌初分日，陰陽一列看」，此即「化」字。「化」在四正推手五行中，屬中央戊己土；在人身屬人身之中丹田氣海，是太極圓化之基。

「掤按像乾坤，捋擠似離坎」。四正在五行中是子午相對，卯酉相對，即掤按相對，為「掤勁含剛堅，承龍欲上天」，「按勁坤柔順，從人自不難」。掤在四正推手中，位子據北屬壬癸水，在人身位據腰腎命門，故掤勁非用手臂之力，須用腰腿掤敵，才有承龍上天之效。按在四正推手中，位午據南屬丙丁火，在人身位據眉間玄關，故

按勁非用手力強按，須加意於眉間玄關，眉間放鬆，全身自然柔順，按勁能從人自不難。

卯酉相對，即捋擠相對。「捋是剛中柔，顧後更防前」，「按乃柔中剛，發勁莫遲緩」。捋在四正推手中，位卯據東屬甲乙木，在人身屬脊背，故捋勁非用手臂之力，相反捋時手臂要輕，其勁法全在脊背重意放鬆，以腰腿勁捋之，自可顧後防前。擠在四正推手中，位酉據西屬庚辛金，在人身屬胸前膻中，故擠勁不僅用手臂之力，須下用兩腿足著力踩地，鬆腰開襠以足膝胯襠撐勁，上有鬆胸鬆內，以手肘肩背撐勁擠發，即為柔中剛，自可發勁捷速整悍，無遲緩之弊。

在四正推手中，順化為：掤生捋，捋生按，按生擠，擠生化，復為掤；逆化為：掤生擠，擠生按，按生捋，捋生化，復為掤。

五行在活步推手中，即前進為擠，屬金在西方；後退為捋，屬木在東方；左顧為掤，屬水在北方；右顧為按，屬火在南方；中定為化，屬土在中丹田。

第三節　太極推手基本方法

太極功所含之效能，其內容分健身、應用、修養三者。健身為志，其功最下，已收效於世，人多見知；修養以至於道，其旨至高，即以養身靜神，養心淨性，養氣熱身，達精氣神足，延年益壽之仙道；唯應用為中，既健身，而由此進於修養。於太極拳技擊方法，探討、實踐、體會其

神妙，更須在招熟之後，進一步求得懂勁。欲求懂勁，非先有揉化沾黏引進之法不可，故又非學太極推手不可。

定步推手單式散練，是太極推手初步基本功法，升階有級，入室知門。太極拳八法、八勁應用，即由推手術基本方法習練開始。

一、太極推手基本搭手法

1. 單搭手法

兩人對立，各將右足前踏一步，互以右手臂作半圓形前伸舉，以右手腕背相貼沾黏十字交叉，左手臂自然下垂於體側，是為單搭手法（圖6－1）。此謂右單搭手式，左式相同，唯左右手足互易。

2. 雙搭手法

兩人對立，各將右足前踏一步，互以右手背沾黏相搭，甲用左手掌心附黏乙右肘，乙以左手掌心附黏甲右

圖6－1

圖6－2

肘，兩人四臂圓掤，四肘下垂，形似太極雙魚狀，「陰陽
一列看」，是為雙搭手法（圖6-2）。此謂右雙搭手式，
左式相同，唯左右動作互易。推手各法凡單、雙搭手即為
此例。

二、單手平圓沾黏推揉法

圖6-3

兩人對立，作右單搭手式。

1. 甲以右手掌背、腕揉化向後往右畫一小圈，隨向乙胸心前推擠。

2. 乙隨甲前推屈右肱，手向己懷後撤，平運揉退至胸骨前（圖6-3）。

3. 乙身後坐，肘下垂，轉腰向右柔化，復向甲胸心前推擠，仍與對方手背相貼沾黏，乙變前推。如動作1。

4. 甲做退揉如動作2。

甲乙往復推揉。此為推手法基本動作。左搭手式與此動作相同，唯方向互易，平圓方向相反。

三、雙手平圓沾黏推揉法

兩人對立，作右雙搭手式。

1. 甲以雙手沾黏乙臂，向乙胸心前推進；同時，兩腿

亦推進成右弓式。

2. 乙右臂屈肱，向己懷內後撤，平運退揉；同時，隨以坐腰，鬆胯，坐腿，重心寄於左腿，右腿虛化成圓形，正身懸頂，化至甲勁盡斷（圖6－4）。

3. 乙化盡甲勁時，隨向右轉腰，以右手掌背膊推進甲胸心處，兩腿亦推進成右弓步式（圖6－5）。

圖6－4

4. 甲右臂屈肱，向己懷內後撤，平運退揉；同時，隨以坐腰，鬆胯，坐腿，重心寄於左腿，右腿虛化成圓形，正身懸頂，化至甲勁盡斷，即向右轉腰復至原式（圖6－6）。此為右式，左式亦同，唯手足動作相反。練至周身

圖6－5

圖6－6

251

腰腿均有沾黏勁為尚。單、雙手平圓沾黏推揉法，是進功沾黏勁最佳有效功法，須重意重練。

四、單手立圓推手法

兩人對立，作右單搭手式。

1. 甲以右手掌緣沾貼乙右手腕上，用腰腿勁向後往下

畫圈勁切乙右腕，指尖向乙腹部前插（圖6－7）。

2. 乙趁甲切勢，坐腰鬆胯，坐腿屈肱向下退揉，畫下半圓形，經右肋旁上提至右耳側（圖6－8）。

3. 乙右臂前伸指插甲額，作右上半圓形（圖6－9）。

圖6－7

圖6－8

圖6－9

4. 甲身向後坐，屈右肱，右手黏貼乙腕，隨其動作向身後右側下引，至肋旁時作前推切勢（圖6－10）。

二人依次練習。此式練習可甲乙推法互換，左式練法相同，唯左步在前，拗步搭手亦同法。

五、雙手立圓推手法

兩人對立，作右雙搭手式。

1. 甲以左手掌心前推乙肘，右手掌緣切乙腕，用腰腿勁向後往下畫圈，兩掌參差朝乙腹前推進。

2. 乙隨甲之推切，坐腰鬆胯坐腿，屈肱垂肘，向下退揉引化甲勁，化至體右側時，則用右手掌腕上提，左手掌心上托至頭額右側（圖6－11）。

3. 乙以腰腿勁後蹬前踩復伸兩臂，以左掌前推，右掌指插甲面額。

圖6－10

圖6－11

4. 甲趁乙來勢，身後坐，屈肱垂肘，隨乙勁以肘、腕向後往下退揉，引化乙勁，使之落空（圖6-12）。

重複做動作1。二人依次往復推蕩，動作相換互易。

六、單手橫圓推手法

兩人開立步對立，作右單搭手式。

1. 甲用右手掌腕，以沾黏勁掤乙腕臂提上至頭頂，隨即滾腕反掌，向右側下推按，畫右側半圓至腹前。

2. 乙隨甲掤勢，沉鬆右腕臂上伸至頭頂，隨甲推按向左側下退揉，黏化甲勁，畫左側半圓至腹前（甲乙兩手掌背相沾貼）（圖6-13）。

3. 乙以滾腕反掌，向右上掛提托領甲腕臂至頭頂，畫右側半圓形。

4. 甲隨乙勢，沉鬆右腕臂上伸至頭頂，畫左側半圓形（甲乙兩手掌背仍相沾貼）（圖6-14）。

圖6-12

圖6-13

二人依次往復推化，細研求，精領悟，提掛雲領滾挫推擲諸勁法。此法以開立步為定步，功法可高可低，練法左右互易。

七、雙手橫圓推手法

兩人開立步對立，作右雙搭手式。

1. 甲以右手掌腕沾黏掤乙右腕上提，以左手掌托乙右肘上推至頭面額前時，隨向右側下推按乙右臂，並以左掌滾翻挫擠乙右大臂。

2. 乙隨甲勁勢，旋鬆肩肘上伸舉右臂，隨向左側下揉化，並擠靠甲左掌，並移其撫己肱內，以助勁勢（圖6－15）。

3. 乙以左手掌由己右臂上前伸，沾貼甲左掌腕上掤；同時，移右掌托甲左肘上推至頭面額前時，隨向左側下推按甲左腕臂，並以左掌腕滾翻挫擠甲大臂。

圖6－14

圖6－15

圖6－16

4. 甲隨乙勁勢，旋鬆肩肘上伸舉左臂，向左側下揉化擠靠甲右掌，並移其撫己肱內，以助勁勢（圖6－16）。

自此甲乙左右互易，週而復始，運轉不已，是謂橫圓輪轉推揉法。此法內含四正四隅八法、八勁，及橫圓提掛雲領滾挫推擲八勁法。諸勁法之擊點，學者須精悟求之，得者趣樂至尚。

八、單手按化推手法

兩人對立，作右單搭手式。

1. 甲以右手掌背沾黏乙掌腕，向後往右畫繞，以掌心按化乙右腕，直對其胸心按進。

2. 乙隨甲之動作屈右肱，手掌向己懷內後撤，作半圓形，經左肩下向右平運退揉至右胸前（圖6－17）。

3. 乙身後坐轉腰，肘下垂，覆手貼於肋旁，脫離甲腕，還按甲腕，按化甲勁，隨向甲胸心前推。

4. 甲隨乙之動作，屈右肱，向己懷內後撤，平運退揉至右胸前（圖6－18），轉腰覆手按化乙腕前推。自此往復推揉按化。

此式左右推法相同，唯左右方向相反。

圖6－17　　　　　　　　　圖6－18

九、單手壓腕推手法

兩人對立，作右單搭手式。

1. 甲右手掌腕沾黏乙右
掌腕，向外平運抽撤，翻手
下壓乙腕，仰掌屈肘，肘貼
近肋。

2. 乙隨甲之動作，右臂
俯掌前伸（圖6－19）。

3. 甲仰掌壓乙腕後，隨
即右臂前伸，向乙腹部前
插。

4. 乙隨甲前插至腹前
時，吸身垂肘翻手下壓甲腕

圖6－19

圖6-20

（圖6-20）。

　　繼乙伸臂前插甲腹。自此互插互壓，往復練習。左式同此。

十、單手纏腕推手法

　　兩人對立，作右單搭手式。

　　1. 甲右腕沾黏乙右腕向上提，隨以右腕內旋外纏繞，俯掌拿乙腕前推。

　　2. 乙隨甲前推之力，屈肱勾腕退撤，沾連甲掌勿丟（圖6-21）。

　　3. 乙右腕外旋外纏繞，俯掌拿甲腕前推。

　　4. 甲隨乙前推之力，屈肱勾腕退撤，仍連隨乙腕不丟（圖6-22）。

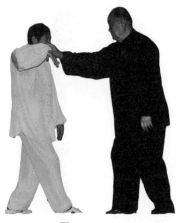

圖6-21

圖6-22

二人反覆纏繞連隨，運轉不已。

第四節　太極推手應用法

太極拳以懂勁為拳中要訣。太極推手基本方法，以定步樁法為行功，練到身法、步法、手法皆能沾黏連隨，柔化自然，隨機應變，無有拙力，達到「掤捋擠按須認真」的要求，進入懂勁階段，再進一步練習應用推手。

應用推手的基本方法，以活步相隨為功法，欲動上下俱動，欲上動先下動，欲下動則先上動，做到「一舉動，周身具要輕靈」，使周身上下一致，達到「上下相隨人難進」之目的。故應用推手各方法，皆以活步練習行功。

所謂「五行變於足，八卦運乎手」，亦即「五步八門」，凡一舉動無不如是，上下左右前後起落，八法八勁隨手步而變化。發勁時，有定向為方，無定向為圓；故曰：「太極者，為圓」，無論內外左右，不離此圓圈；「太極者，為方」，無論內外左右，不出此方正。圓者出入，方者進退，隨方就圓，圓中有方，方為開展，圓為緊湊。如能於推手法中，明方圓及呼吸，剛柔、靈巧地運用「屈中求直」「蓄而後發」，其藝已至大成。

一、捋按推手法

兩人開立步對立，作右雙搭手式。

1. 甲右手掌按乙右腕，左手掌按乙右肘，向乙胸心按進；同時，右足前進一步，踩乙襠中（圖6-23）。

圖6－23　　　　　　　　　圖6－24

2. 乙右臂稍彎曲，向懷內退揉，左手掌拊甲之右肘；同時，右足後退一步，身後坐，腰右轉；右手腕經右肩下向右運引，左手半握拳以左肱黏甲右臂，兩手向右下方屈肱垂肘作挒式（圖6－24）。

3. 乙挒後轉按，以兩手分按甲之肘腕，右足前上一步，向甲胸心前按進作按式，如動作1。

4. 甲隨即退挒，如乙之動作2作挒式。甲挒後復轉按，兩人反覆挒按推揉。

此為右式，左式亦同，唯作左雙搭手式時動作左右相反。

二、 挒擠推手法

兩人開立步對立，作左雙搭手式。

1. 甲左腕內旋立左肘，右腕外旋托乙左肘，兩手掌合

抱乙左臂，向左側後斜捋；同時，左足後退一步，右足斂虛。

2. 乙被捋，趁勢下伸左臂；同時，左足前進一步，進身前靠，並以左臂圓屈，右手拊己小臂內向甲擠進（圖6－25）。

3. 甲被擠，俯身向前以緩乙擠力，並旋纏右肱橫右臂，以腕骨、尺骨滾黏乙上膊骨中間處，使乙臂貼身，並以左手拊己小臂內，旋腕擠進；同時，左足前進一步以助勢。

4. 乙被擠，即揉身向外走化甲擠力；同時，斂撤左步，坐身立左肘，以左腕沾拿甲左腕，旋纏右肱橫右臂，向右後斜捋甲左臂（圖6－26）。

5. 甲如乙之動作2。

6. 乙如甲之動作3。

此為左式，右式亦同，唯手足動作左右相反。

圖6－25　　　　　　　圖6－26

三、按化推手法

兩人開立步對立，作右雙搭手式。

1. 甲右手按乙右腕，左手按乙右肘，兩手分按乙右臂，向乙胸心按進；同時，右足前進一步，左足隨之跟進。

2. 乙趁甲按進，身後坐，左足後退一步，右足斂虛，向後退揉，化至甲按勁將盡時，隨立垂右肘，腰右轉復右手按甲右腕，左手按甲右肘，向右後繞圈按化甲勁落空（圖6-27）。

3. 甲被按化欲向後撤，乙隨以右足前進一步，左足跟進，兩手分按甲右臂，向甲胸心按進。

4. 甲趁乙按進，左足退步後撤，右足隨之斂虛，身後坐揉化甲按勁後，復變按式按進（圖6-28）。

兩人一按一化，往來互練。此為右式，左式與此相

圖6-27　　　　　　　圖6-28

同，唯左右動作相反。

四、挒攬推手法

兩人開立步對立，作左雙搭手式。

1. 甲左腕內旋翻手拿挒乙左腕，右腕內旋前伸滾黏乙左臂；同時，左足後退一步，坐腿轉腰，向左後斜挒乙臂。

2. 乙隨甲挒動作，左臂內旋前伸，右手掌附己肩內側；同時，左足前進一步，坐腿屈膝前弓靠身（圖6－29）。

3. 乙靠身立左肘，左腕沾拿甲左腕，右手臂滾黏甲左臂，左足後撤一步，坐腿左轉腰，向左後斜挒甲臂。

4. 甲隨乙挒動作，如乙之動作2（圖6－30）。

兩人挒攬動作相同，循環不已。此為左式，右式與此相同。

圖6－29　　　　　　　　圖6－30

五、折疊推手法

一名壓腕按肘沾黏推手法。

兩人開立步對立，作右雙搭手式。

1. 甲右腕外旋平運揉抽，右腕背黏壓乙右腕背，仰掌屈肱，以肘近肋，左手掌按拊乙右肘；同時，右足前進一步，右臂前伸仰掌前插乙腹。

2. 乙趁甲前插之力，身後坐，右足後撤一步，右腕外旋仰掌屈肱退揉，左手掌心向上仰捧甲肘（圖6－31）。

3. 乙俟甲將插至腹前時，吸身垂肘，右腕仰壓甲腕，伸臂前插甲腹；同時，右足前進一步，左手掌按拊甲右肘。

4. 甲趁乙前插之力，覆手屈肱退揉。如乙之動作2（圖6－32）。

圖6－31　　　　　　　　　圖6－32

兩人進退插壓，往復練習。此為右式，左式與此相同，唯動作左右相反。

六、四正推手法

四正推手者，即兩人作雙搭手式，用掤、捋、擠、按四法，互作捋後、擠前、按下、掤上，向四正方互相推揉運化，週而復始。

四正推手有定步、活步之別。定步推手要求樁步不動，走化主要以腰為樞紐，久練者下不隨上。活步推手雖亦以腰為樞紐走化，但是要求上下相隨，一動無有不動。故散練太極功應用推手中，四正推手以活步、行步為功。

練此法，兩人開立步對立，作右雙搭手式。

1. 甲右足後退一步，屈兩臂，肘尖下垂，兩掌心相對合抱乙右臂，向己身右斜下方捋。

2. 乙趁捋勢左足前進一步，平屈右肱，以左手移附肱內，向甲胸心前擠，堵其雙腕，成甲捋乙擠（圖6－33）。

3. 甲在乙右肱擠近時，坐腰左轉，斂虛左足，兩手趁勢下按乙左臂，化乙擠勁後，即展腰進右步按進。

4. 乙即以左臂掤承甲按，身後坐，以右手拊己左

圖6－33

265

肱內承接甲右手腕,腰右轉,以右肱腕分畫圓向上往右繞圈,掤化甲之按進;同時,右臂下纏上托甲之右肘,兩掌合抱甲右臂,成甲按乙掤(圖6－34)。

5. 乙掤化甲按勁後,即以兩手合抱甲右臂,趁勢向己身右後斜下方将。

6. 甲隨乙之将勁,右足前進,左足跟進,平屈右肱,左手移附右肱內,向乙胸心前擠,堵其雙腕,成乙将甲擠(圖6－35)。

7. 乙被甲擠,隨以兩手按甲左臂,趁勢下按化甲按勁後,即展腰進右步按進。

8. 甲被按,隨掤化乙之按勁後復變将。如動作1。

自此週而復始,運轉不已,是謂活步四正推手法。

七、行步推手法

行步推手者,即兩人作雙搭手式,以行三步、六步或

圖6－34　　　　　圖6－35

九步等行步法及隨意行步法中，運用掤、捋、擠、按四法，互相走化，循環不已，樂在其中。

隨意行步走化，一名散手，又名亂踩花。其走化中八法八勁隨心所用，無規定練法，以不擊打傷人為準。練法亦較難，非經教者口授心傳不可。茲將實戰應用較多之步法、推手法詳述示圖。

1. 進三步退兩步推手法

練此法，進者用進步和跟步兩種步法，退者用退步與斂步兩種步法。

兩人開立步對立，作右雙搭手式。

（1）甲在乙兩手按己右臂時，即以右手挽拿乙右腕，左手仰托乙右肘；同時，右足後退一步，兩手合抱乙臂，向右下斜捋。

（2）乙隨甲捋勁，右足前進一步，左足後跟半步，前伸右臂進身貼靠甲身，堵其雙腕，如甲捋乙靠（圖6-36）。

（3）乙貼靠甲身隨屈右肱，以左手拊肱內，向甲胸心前擠進；同時，右足前進一步，以助擠勢。

（4）甲趁乙擠勁，左足斂步虛，吸身左轉，以左手按乙左腕，右手按乙左肘，按化乙擠勁後，則展腰

圖6-36

267

按進，如乙擠甲按（圖6－37）。

（5）乙左臂掤承甲按勁，隨左轉身，以左臂向上往後繞圈揉化，右手亦自下纏繞，上托甲左肘；同時，左足跟進半步，右足前進一步，雙手按進甲左臂。

（6）甲趁乙按勁，左足後退一步，左轉身揉化乙按勁；同時，右手拊左肱內承接乙右手，左手亦自下纏繞，上托乙右肘，如乙按甲掤（圖6－38）。至此掤捋擠按依次練畢，甲乙相反練習。

（7）乙在甲兩手按乙右臂時，乙作甲之動作1。

（8）甲作乙之動作2。

自此週而復始，運轉不已，是謂進三步退兩步推手法。

2. 進三步退三步推手法

兩人開立步對立，作右雙搭手式。

（1）甲右足前進一步，踩乙兩足之間，兩手前按乙

圖6－37

圖6－38

右臂。

（2）乙左足後退一步，身右轉，右臂向右上往後繞圈，左手仰托甲右肘，掤化乙按，如甲按乙掤（圖6-39）。

（3）乙兩手合抱乙右臂，向右下斜将。

（4）甲屈右肱，左手移拊右肱內，向乙胸心前擠，如乙将甲擠（圖6-40）。

圖6-39

（5）乙身左轉坐腰，左手按甲左腕，右手按甲左肘，作按進勢。

（6）甲左臂掤承乙按勁，向上往左繞圈，右手亦下纏移托乙左肘，掤化乙按，如乙按甲掤（圖6-41）。

圖6-40

圖6-41

圖6-42

（7）甲掤後生按，則左手按乙左腕，右手翻手按乙左肘，兩手作按進勢。

（8）乙右手移拊肱內，接承甲按，用右臂向上往右繞圈，左手下纏移托甲右肘，作掤勢，如甲按乙掤（圖6-42）。

（9）乙右足後退一步，兩手合抱甲右臂，向右下斜捋。

（10）甲趁乙捋左足前進一步，右臂屈肱，左手拊肱內，向乙胸心前擠，如乙捋甲擠（圖6-43）。

（11）乙趁甲擠隨坐腰吸身，兩手按甲左臂則展腰按進。

圖6-43

圖6-44

（12）甲右臂向上往後繞圈，左手下纏移托乙右肘翻手作按，如乙按甲掤（圖6－44）。

（13）乙趁甲掤按勢，左手移肱內接承甲按勁，右手下纏移托甲左肘；同時，左足後退一步，兩手合抱甲左臂，向左下斜捋。

（14）甲趁乙捋，右足前進一步，左臂前伸屈肱，右手拊肱內，向乙胸心前擠，如乙捋甲擠（圖6－45）。

（15）乙趁甲擠坐腰，兩手按甲臂，展腰按進。

（16）甲右臂接承乙按勁，向上往後繞圈，揉化乙按，左手下纏移托乙右肘，作掤勢，如乙按甲掤（圖6－46）。

至此為一度，甲乙動作互換，進退練習運作不已。此為合步法，動作較易，可作順步法，動作比此較難。

圖6－45　　　　　　　　圖6－46

271

八、四隅推手法

四隅推手者，亦名大捋。兩人開立步對立，作右雙搭手式，推手時用採挒肘靠四法，移步向四斜方週而復始做推手運動，以補四正所不足。

四隅推手有規定四隅推手和不規定四隅推手法兩種。規定四隅推手，只許用採挒肘靠四法，移步亦規定為進二退二，和進三退二兩法。不規定四隅推手法，稱謂大捋，即除用採挒肘靠外，可隨機運用掤捋擠按諸法，行步亦可隨便，只要步法不亂，得機得勢，前進後退，隨化隨攻，八法八勁任何一式，皆可運用。大捋推手中，手法、步法、腰法、身法皆有之，能練得其法，除周身靈活外，於用法臻至純熟，借勁可達神明之境。

1. 進二退二四隅推手法

兩人開立步對立，作右雙搭手式。

（1）甲右足後退一步，右手採拿乙右腕，左手托拿乙右肘，向右下採挒。

（2）乙趁甲採勢，舒旋右臂前伸，右足前進一步，以右肩前靠甲胸（圖6－47）。

（3）甲趁乙靠勢，隨即提擺左手反背掌橫挒擊乙面脖處。

（4）乙隨以左手抵防甲左腕（圖6－48）。

（5）甲左手翻掌黏拿乙左腕，向左採挒。

（6）乙隨勢屈左肱，以左肘頂甲胸心（圖6－49）。

（7）甲左足後退一步，左手採拿乙左腕，右手掌按

拿乙左肘，向左下採捋。

（8）乙趁甲採勢，左足前進一步，進身前伸左臂，以左肩前靠甲胸心（圖6－50）。

（9）甲隨以右手按拿乙左臂，釋左手提摜乙面耳。

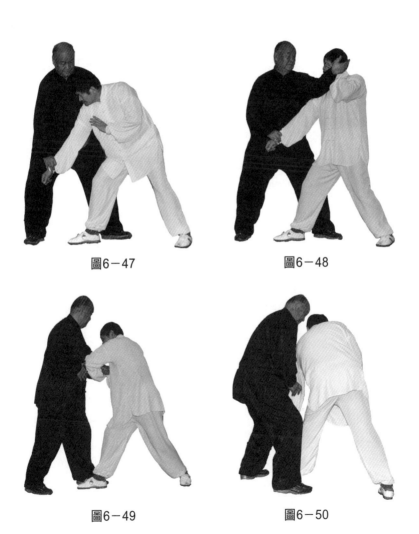

圖6－47　　　　　　　　　圖6－48

圖6－49　　　　　　　　　圖6－50

圖6-51

（10）乙隨屈左肱，以左手腕沾黏甲左腕，右手仰托甲左肘，成左雙搭手式（圖6-51）。

至此為一度，換調為乙退甲進，如法運動循環不已。

2. 進三退二四隅推手法

兩人開立步對立，甲面向南，乙面向北。

（1）乙右足前進一步，用右拳直擊甲胸頭。

（2）甲乘乙勢，右手向上隨掤隨拿乙右腕；同時，左足後退一步，以左手掌仰托乙右肘，作右雙搭手式（圖6-52）。

（3）甲右足後退一步，右手採拿乙右腕，左臂屈肱以小臂挒乙右臂。

（4）乙趁甲挒乙勢，左足前進一步，移右足向甲襠中橫插一步；同時，右臂隨甲挒勁向前下舒伸，左手拊己右肱內，以右肩前靠甲胸心。

（5）甲趁乙靠勢，以左手推拿乙右臂，釋右手掌撲擊乙面部（圖6-53）（此時方向：甲向西，乙向北）。

（6）乙趁甲勢以右手上掤甲右腕，並黏拿甲右腕，左足後退一步，右足繼退一步，翻身以左肱挒甲右臂。

（7）甲隨乙掤挒，右足前進一步，左足再進一步，移右足橫插乙襠內；同時，左手拊右肱內，以右肩前靠乙

胸心（圖6－54）（此時方向：甲向南，乙向東）。

（8）乙趁甲靠勢，左手按甲左腕，右手按甲左肘，兩手按甲左肱；同時，移步提左足，自甲右足外插入甲襠內（圖6－55）（此時方向：甲向南，乙向北）。

圖6－52

圖6－53

圖6－54

圖6－55

（9）甲趁乙採按，以左手掤接乙左腕，卸退右步，再退左步，以右肱挒乙左臂。

（10）乙趁甲掤挒，橫上左步，再上右步，移左步插入甲襠內；同時，用右手拊己左肱內，以左肩前靠乙胸心（圖6-56）（此時方向：甲向南，乙向東）。

（11）甲趁乙靠勢，以右手推拿乙左臂，釋左手掌撲擊乙面部（圖6-57）。

（12）乙趁甲勢，以左手黏掤甲左腕，右足後退一步，左足繼退一步，翻身以右肱挒甲左臂。

（13）甲隨乙掤挒，左足前進一步，右足再進一步，移左足橫插乙襠內；同時，右手拊己左肱內，以左肩前靠乙胸心（圖6-58）（此時方向：甲向西，乙向北）。

（14）乙趁甲靠勢，右手按甲右腕，左手按甲右肘，兩手合按甲右臂；同時，移步提右足，插入甲襠內（圖6-59）（此時方向：甲向西，乙向東）。

圖6-56　　　　　　　　圖6-57

（15）甲趁乙按，以右手掤接乙右腕，卸退左步，再退右步，以左肱捋乙右臂。

（16）乙趁甲掤捋，橫上右步，再上左步，移右步插入甲襠內；同時，左手拊己右肱內，以右肩前靠甲胸心（圖6－60）（此時方向：甲向西，乙向北）。

至此為一度，復如上法循環運動。

總之，進者為三步，退者為二步。甲用撲面掌變換左右，乙用採按變換左右；捋靠甲乙互用。方向則甲據西南二方，乙據東北二方。

圖6－58

圖6－59

圖6－60

九、行步大将推手法

兩人開立步對立，甲向南，乙向北。

1. 乙右步前進一步，以右拳擊甲頭胸部。

2. 甲左足後退一步，以右手腕上掤乙右腕，左手仰托乙右肘，作右雙搭手式。

3. 甲右足向西北斜退一步成坐步，右臂平屈，右手黏拿乙右腕，左臂屈肱以前臂中處，向西北斜将乙右臂。

4. 乙趁甲将勢，左足向左前方前進一步，移右足向甲襠內插進一步；同時，右臂伸舒向下，左手拊右肱內，隨甲将勁以肩前靠甲胸，如甲将乙靠（圖6－61）（**此時方向：甲向西南，乙向西北**）。

5. 甲趁乙靠勢，以左手下按乙左腕，右手按乙左肘尖下採；同時，左足由乙右足外移至乙襠中。

圖6－61　　　　　　圖6－62

6. 乙隨甲之採勁，左足向西南方後撤一步，左臂平屈，左手黏拿甲左腕，右臂屈肱以前臂中處，向西南方斜捋甲左臂，如甲採乙捋（圖6－62）（此時方向：甲向西，乙向西北）。

7. 甲趁乙捋勢，左足前進一步，右足再進一步，移左足向乙襠中插進一步；同時，左臂伸舒向下，右手拊左肱內，隨乙捋勁，以左肩前靠乙胸，如乙捋甲靠（圖6－63）（此時方向：甲向東南，乙向西北）。

8. 乙趁甲靠勢，以左手掌撲擊乙面部，右手按甲左肩斜向下捌，如甲靠乙捌（圖6－64）（此時方向：甲向東南，乙向西北）。

9. 甲隨乙捌勢，撤左足向東北方進一步；同時，左手黏拿乙左腕，右臂屈肱以前臂中處，向東北斜捋乙左臂。

10. 乙趁甲捋勢，右足前進一步，移左足向甲襠中邁進，左臂隨甲捋勁前伸，以左肩前靠甲胸，右手拊左肱

圖6－63

圖6－64

內以助勢，如甲捋乙靠（圖6-65）（此時方向：甲向東南，乙向西北）。

11. 甲趁乙靠勢，以右手按乙右腕，左手按乙右肘尖下採；同時，右足由乙左足外移至乙襠內。

12. 乙隨甲採勁，撤右足向東南方邁進一步，右手黏拿甲右腕，左臂屈肱以前臂中處，向東南方斜捋甲之右臂，如甲採乙捋（圖6-66）（此時方向：甲向東南，乙向東北）。

13. 甲趁乙捋，左足前進一步，移右足向乙襠中插進一步；同時，右臂隨乙捋勁前伸，以右肩前靠乙胸，左手拊右肱內以助勢，面視西南，如乙捋甲靠（圖6-67）。

14. 甲右臂欲上挑，乙隨甲挑勁，以右手掌撲擊甲面部，左手按甲右肩斜向下捌。

15. 甲右足後退一步，右手黏拿乙右腕，左手仰托乙右肘，還右雙搭手式（圖6-68）。

圖6-65

圖6-66

此為一度，可繼續練習，甲乙攻防隨意而為之。

圖6-67

圖6-68

附　錄
太極拳散手傳承

　　據歷史資料記載，唐時江南徽州人許宣平，所傳太極拳術名三世七，因共三十七式而得名。其教練之法為單式散練，一式練熟，再練另式，而所練之式，亦無固定次序，令練者自擇。其要訣有《八字歌》、《心會論》、《周身大用論》、《十六關要論》、《功用歌傳宋遠橋》。

　　清時遺老宋氏書銘，精研易理，善太極拳，自言為宋遠橋十七世孫。其拳式名三世七。宋所傳拳譜名《宋氏家傳太極功源流及支派考》，其拳式與太極十三式名目大同小異，唯趨重單式散練功法。

　　傳人有太極拳名家紀子修、許禹生、吳鑒泉、劉恩綬、劉彩臣、姜殿臣、王新午等諸先師。

　　宋氏家傳太極功，傳至近代太極名師後，相繼形成各具特色之太極拳，自成體系者有：許禹生氏的太極拳；吳鑒泉氏的太極拳；王新午傳的太極拳，稱為新午太極拳；王錦泉傳的太極拳，稱為王式太極拳。

　　致散練功法太極拳，遞嬗之跡不詳，故散練功法太極拳傳承，僅從此書啟錄。

太極拳散手傳承系統：

創始祖師——許宣平，傳宋遠橋。

始傳祖師——宋書銘，傳紀子修、許禹生、吳鑒泉、劉恩綬、劉彩臣、王新午。

承傳先師——李雲龍、王錦泉，傳劉篤義、薛文江。

劉篤義，傳劉長青、陳玉鎖、劉俊芝、李全保、韓永勝、張冬生、梁兆明、王作俊、聶連軍、任向睦、騰軍、高永生、顏景山、董翰斌、崔電勇、韋天明、趙慈、高本學、林建平、劉浩利、任曉原、殷炤、王建武、邊獻國、李玉生、段學斌、劉扣利、劉年利、劉悅、劉迎愛、李鳳英、鄧麗俊、魏征、劉之清、劉晨辰、劉仲香、劉聚汾。

薛文江，傳王俊生、武惠珍、朱志英、丁茹、翟培絨。

王作俊，傳任建義、任毅、任玄義、任澳。

後　記

　　在編寫《太極拳散手闡微》一書過程中，得到了太原市永吉貿易有限公司的支持和贊助；石家莊市李國祿、曹永勝、解志忠、馬軍四師弟的大力協助。四位師弟皆係恩師李雲龍之高足，受李師內功真傳與散練功法，造詣臻深，贈吾內功心得真諦秘訣，情真義切。在此書出版之際，特此提名，表示感謝！

　　《太極拳散手闡微》一書出版，旨在繼承、弘揚中華傳統武術文化，攜手廣大武術愛好者習武練功，健身養生，互相交流，研究實踐，達到共同提高之目的；同時，亦為繼承、弘揚李雲龍、王錦泉二位師尊之武藝武德，與武技不自私，志於武，首重德，學不厭，誨不倦的尚武精神，讓博大精深的中華傳統武術文化，流傳後世。

　　此書獻給李雲龍、王錦泉二師誕辰一百周年。

導引養生功

全系列為彩色圖解附教學光碟

張廣德養生著作　每冊定價350元

輕鬆學武術

太極跤

太極武術教學光碟

太極功夫扇
五十二式太極扇
演示：李德印 等
(2VCD)中國

夕陽美太極功夫扇
五十六式太極扇
演示：李德印 等
(2VCD)中國

陳氏太極拳及其技擊法
演示：馬虹(10VCD)中國
陳氏太極拳勁道釋秘
拆拳講勁
演示：馬虹(8DVD)中國
推手技巧及功力訓練
演示：馬虹(4VCD)中國

陳氏太極拳新架一路
演示：陳正雷(1DVD)中國
陳氏太極拳新架二路
演示：陳正雷(1DVD)中國
陳氏太極拳老架一路
演示：陳正雷(1DVD)中國
陳氏太極拳老架二路
演示：陳正雷(1DVD)中國
陳氏太極推手
演示：陳正雷(1DVD)中國
陳氏太極單刀・雙刀
演示：陳正雷(1DVD)中國

郭林新氣功
(8DVD)中國

本公司還有其他武術光碟
歡迎來電詢問或至網站查詢
電話：02-28236031
網址：www.dah-jaan.com.tw

原版教學光碟

歡迎至本公司購買書籍

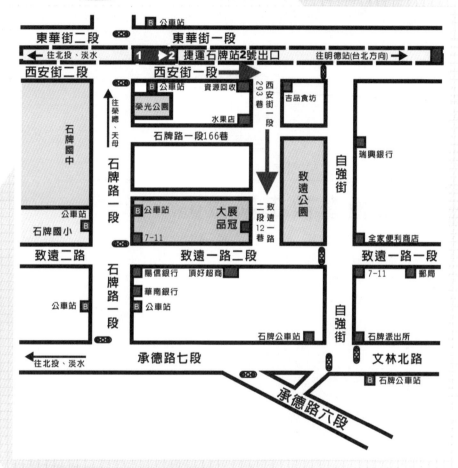

建議路線

1.搭乘捷運‧公車

　　淡水線石牌站下車，由石牌捷運站２號出口出站(出站後靠右邊)，沿著捷運高架往台北方向走(往明德站方向)，其街名為西安街，約走100公尺(勿超過紅綠燈)，由西安街一段293巷進來(巷口有一公車站牌，站名為自強街口)，本公司位於致遠公園對面。搭公車者請於石牌站(石牌派出所)下車，走進自強街，遇致遠路口左轉，右手邊第一條巷子即為本社位置。

2.自行開車或騎車

　　由承德路接石牌路，看到陽信銀行右轉，此條即為致遠一路二段，在遇到自強街(紅綠燈)前的巷子(致遠公園)左轉，即可看到本公司招牌。

國家圖書館出版品預行編目資料

太極拳散手闡微／劉篤義　主編
——初版——臺北市，大展，2016 [民105.11]
面；21公分——（武術特輯；157）
ISBN 978-986-346-134-0 （平裝；附影音數位光碟）
1. 太極拳
528.972　　　　　　　　　　105017146

太極拳散手闡微 附DVD

主 編 者／劉　篤　義

責任編輯／王　躍　平

發 行 人／蔡　森　明

出 版 者／大展出版社有限公司

社　　址／台北市北投區（石牌）致遠一路2段12巷1號

電　　話／(02) 28236031・28236033・28233123

傳　　真／(02) 28272069

郵政劃撥／01669551

網　　址／www.dah-jaan.com.tw

E-mail／service@dah-jaan.com.tw

登 記 證／局版臺業字第2171號

承 印 者／傳興印刷有限公司

裝　　訂／眾友企業公司

排 版 者／千兵企業有限公司

授 權 者／山西科學技術出版社

初版1刷／2016年（民105年）11月

定　價／400元

●本書若有破損、缺頁請寄回本社更換●

大展好書　好書大展
品嘗好書　冠群可期